歡迎光臨！佛像世界

マンガでわかる仏像：仏像の世界がますます好きになる！

編輯／「透過漫畫瞭解佛像」編輯部

主編／三宅久雄

插畫／永田Yuki

翻譯／陳美瑛

INDEX

第三章 明王

第四章 天部

INDEX

第六章 參拜佛像

主要參考文獻（無特定順序排序）

『仏像図典　増補版』（吉川弘文館）／『仏教美術事典』（東京書籍）／『岩波仏教辞典』（岩波書店）／『奈良・京都の古寺めぐり』（岩波書店）／『魅惑の仏像』［1～20巻］（毎日出版社）／『仏像めぐりの旅』［1～6巻］（毎日新聞社）／『日本美術全集』（講談社）／『仏像のなぞとひみつ』（学研）／『イラスト図解仏像』（日東書院）／『仏像の事典』（成美堂出版）／『やさしい仏像の見方』（新潮社）／『仏像の見分け方』（新潮社）／『仏像鑑賞入門』（新潮社）／『仏像の見方　ハンドブック』（池田書店）／『仏像の楽しみ方完全ガイド』（池田書店）／『日本仏像史』（美術出版社）

佛像年表

※「佛像年表」中，佛像名稱都是根據日本重要文化財所指定的名稱；寺院則以正式名稱為優先記載。

時代	西元年	主要事件	現存的主要佛像
飛鳥時代	538	朝鮮半島的百濟國將佛教經典與佛像獻給欽明天皇（另有一說是552年）	
	587	崇佛派的蘇我氏與聖德太子等人消滅排佛派的物部氏一族	
	593	聖德太子擔任攝政	
	596	蘇我馬子建立日本首座正式寺院，元興寺（今飛鳥寺）	
	604	聖德太子制定十七條憲法	
	607	聖德太子建立法隆寺	
		小野妹子以遣隋使身分被派遣至中國隋朝	
	609		飛鳥寺（奈良縣）‧銅造釋迦如來坐像〔飛鳥大佛〕※止利佛師製作
	7世紀前半		法隆寺夢殿（奈良縣）‧木造觀音菩薩立像〔救世觀音〕 廣隆寺（京都府）‧木造彌勒菩薩半跏像〔寶冠彌勒〕
	622	聖德太子歿。山背大兄王創建法起寺、法輪寺	
	623		法隆寺金堂（奈良縣）‧銅造釋迦如來及兩脇侍像※止利佛師製作
	630	派遣遣唐使	
	643	蘇我入鹿襲擊聖德太子之子山背大兄王，聖德太子一族滅亡	
	645	大化革新	
	7世紀中期		法隆寺金堂（奈良縣）‧木造四天王立像 法隆寺大寶藏院（奈良縣）‧木造觀音菩薩立像〔百濟觀音〕
	660	百濟國滅亡	
	666		野中寺（大阪府）‧銅造彌勒菩薩半跏思惟像
	667	遷都至近江大津宮	
	669	建立山階寺（興福寺前身）	
	670	法隆寺完全燒毀	
	672	壬申之亂。遷都至飛鳥淨御原宮	
	680	天武天皇發願建立藥師寺	
	681左右		當麻寺金堂（奈良縣）‧塑造彌勒佛坐像、乾漆四天王立像
	685		興福寺國寶館（奈良縣）‧銅造佛頭
	694	遷都至藤原京	
	7世紀後半		法隆寺大寶藏院（奈良縣）‧銅造觀音菩薩立像〔夢違觀音〕‧木造觀音菩薩立像〔九面觀音〕 中宮寺（奈良縣）‧木造菩薩半跏像
	698	藥師寺建造幾乎完成	
	701	頒布大寶律令	

時代	西元年	主要事件	現存的主要佛像
奈良時代	710	遷都平城京	
		藤原氏的氏寺．廄坂寺遷移並更名為興福寺	
	711		法隆寺中門（奈良縣）．塑造金剛力士立像
	718	藥師寺遷移至平城京	藥師寺金堂（奈良縣）．銅造藥師三尊像
			藥師寺東院堂（奈良縣）．銅造觀音菩薩立像
	726	建立興福寺東金堂	
	729	長屋王之變	
	733左右	建立現在的東大寺法華堂	
	734左右		興福寺國寶館（奈良縣）．乾漆八部眾立像、乾漆十大弟子立像
	741	下詔建立國分寺、國分尼寺	
	743	聖武天皇發願製作盧舍那佛	
	747	光明皇后發願創建新藥師寺	
	8世紀中左右		東大寺法華堂（奈良縣）．乾漆不空羂索觀音立像 東大寺博物館（奈良縣）．塑造日光／月光菩薩立像 東大寺戒壇堂（奈良縣）．塑造四天王立像 新藥師寺（奈良縣）．塑造十二神將立像
	752	東大寺大佛開眼供養	東大寺大佛殿（奈良縣）．銅造盧舍那佛坐像
	754	鑑真從中國唐朝來日	
	759	鑑真創建唐昭提寺	
	763	鑑真歿	唐招提寺御影堂（奈良縣）．乾漆鑑真和尚坐像
	8世紀後半		聖林寺（奈良縣）．木心乾漆十一面觀音立像 觀音寺（京都府）．木心乾漆十一面觀音立像 唐招提寺金堂（奈良縣）．乾漆盧舍那佛坐像 唐招提寺金堂（奈良縣）．木造梵天／帝釋天立像、木心乾漆千手觀音立像
	784	遷都長岡京	
	789	廢止造東大寺司	
	8世紀末		興福寺北圓堂（奈良縣）．木心乾漆四天王立像 新藥師寺（奈良縣）．木造藥師如來坐像

這個時代，奈良
有好多佛像喔！

佛像年表

時代	西元年	主要事件	現存的主要佛像
平安時代	794	遷都平安京	
	804	最澄、空海前往唐朝	
	805	最澄自唐歸國。隔年成立天台宗	
	806	空海自唐歸國。後來成立真言宗，推廣真言密教	
	816	空海創建高野山金剛峯寺	
	822	最澄歿 空海受賜東寺，改為教王護國寺	
	835	空海歿	
	839		東寺講堂（京都府）．木造五大菩薩坐像（※中尊像除外）、木造五大明王像、木造四天王立像、木造梵天坐像、帝釋天半跏像
	845以前		神護寺（京都府）．木造五大虛空藏菩薩坐像
	847	圓仁、圓行、常曉等人自唐歸國	
	858	圓珍等人自唐歸國	
	9世紀中左右		向源寺（滋賀縣）．木造十一面觀音立像 法隆寺大寶藏院（奈良縣）．木造地藏菩薩立像
	861	東大寺大佛修復，開眼供養	
	867左右		東寺御影堂（京都府）．木造不動明王坐像
	888		仁和寺（京都府）．木造阿彌陀如來及兩脇侍像
	894	廢止遣唐使	
	896		清涼寺（京都府）．木造阿彌陀如來及兩脇侍像
	9世紀後半		寶生寺金堂（奈良縣）．木造釋迦如來立像、木造十一面觀音立像
	10世紀後半	空也上人開始傳教	
	913		醍醐寺（京都府）．木造藥師如來及兩脇侍像
	946		岩船寺（京都府）．木造阿彌陀如來坐像
	951		六波羅蜜寺（京都府）．木造十一面觀音立像、木造四天王立像
	986		清涼寺（京都府）．木造釋迦如來立像※由中國傳入日本
	1012		廣隆寺（京都府）．木造千手觀音坐像
	1022	定朝獲得「法橋」之僧職	
		平安時代中期開始，淨土信仰逐漸普及	
	1053	平等院鳳凰堂完成	平等院鳳凰堂（京都府）．木造阿彌陀如來坐像※定朝製作
	1057	定朝歿	
	1064		廣隆寺（京都府）．木造日光／月光菩薩立像、木造十二神將立像※長勢製作

時代	西元年	主要事件	現存的主要佛像
	1078		法隆寺金堂（奈良縣）．木造毘沙門天立像、木造吉祥天立像
	1103		仁和寺（京都府）．木造藥師如來坐像※圓勢．長圓製作
	1127		鞍馬寺（京都府）．木造吉祥天立像
	1130		法金剛院（京都府）．木造阿彌陀如來坐像
	1148		三千院（京都府）．木造阿彌陀如來及兩脇侍像坐像
	1156	保元之亂	
	1159	平治之亂	
		平清盛打敗源義朝，平氏一族壯大	
	1164		蓮華王院〔三十三間堂〕（京都府）．千尊千手觀音立像中的一百二十四尊
	1176		圓成寺（奈良縣）．木造大日如來坐像※運慶製作
	1180	平重衡等平氏軍燒討南都（今奈良）寺院	
	1185	平氏滅亡	
鎌倉時代	1186		願成就院（靜岡縣）．木造阿彌陀如來坐像、木造不動明王及二童子立像、木造毘沙門天立像※運慶製作
	1124～1187		中尊寺金色堂（岩手縣）．金色堂內諸佛像
	1189	源義經遭殺害	興福寺南圓堂（奈良縣）．木造不空羂索觀音坐像、法相六祖坐像※康慶製作
	1192	源賴朝受封征夷大將軍	
			醍醐寺（京都府）．木造彌勒菩薩坐像※快慶製作
	1195		淨土寺（兵庫縣）．木造阿彌陀如來及兩脇侍像立像※快慶製作
	1196		興福寺東金堂（奈良縣）．木造維摩居士坐像※定慶製作
	1197		金剛峯寺（和歌山縣）．木造八大童子立像
	1200		金剛峯寺（和歌山縣）．木造孔雀明王坐像※快慶製作
	1201		東大寺八幡殿（奈良縣）．木造僧形八幡神坐像※快慶製作
	1203		醍醐寺（京都府）．不動明王坐像※快慶製作
			東大寺南大門（奈良縣）．木造金剛力士立像※運慶、快慶製作
	1207	法然、親鸞被流放，念佛宗遭禁止	興福寺東金堂（奈良縣）．木造十二神將立像
	1212		興福寺北圓堂（奈良縣）．木造彌勒如來坐像、木造無著菩薩／世親菩薩立像※運慶製作 淨琉璃寺（京都府）．木造吉祥天立像

佛像年表

時代	西元年	主要事件	現存的主要佛像
鎌倉時代	1215		興福寺國寶館（奈良縣）．木造天燈鬼／龍燈鬼立像※龍燈鬼為康弁製作
	13世紀前半		六波羅蜜寺（京都府）．木造空也上人立像
	1221	承久之亂	
	1223	運慶歿	
	1224		大報恩寺〔千本釋迦堂〕（京都府）．木造六觀音菩薩像
	1226		鞍馬寺（京都府）．木造聖觀音菩薩立像
	1232		法隆寺金堂（奈良縣）．阿彌陀如來坐像※康勝製作
	1247		西大寺（奈良縣）．木造愛染明王坐像※善圓製作
	1251		圓應寺※鎌倉國寶館寄存（神奈川縣）．木造初江王坐像
	1252		高德院（神奈川縣）．銅造阿彌陀如來坐像〔鎌倉大佛〕
	1254		蓮華王院〔三十三間堂〕（京都府）．木造千手觀音坐像※湛慶製作 蓮華王院〔三十三間堂〕（京都府）．千尊千手觀音菩薩立像中的八百七十六尊

時代別．佛像的特徵

飛鳥時代
【製造方法】以銅造與木造為主流。
【特徵】由於只考慮從正面看的角度，所以佛像看起來平面且左右對稱，身體沒有立體感。長臉、嘴角兩端微微上揚的古拙微笑（Archaic Smile）以及杏眼為其特徵。

飛鳥時代後期（白鳳文化）
【製造方法】除了銅造與木造之外，還出現塑造與乾漆造等製作方法。
【特徵】多數呈現渾圓及沉穩神情的童顏童形佛像（白鳳佛）。體格豐滿有肉。

奈良時代（天平文化）
【製造方法】有銅造、塑造、乾漆造等各種技法。鑑真和尚帶回來的技術使得木造技法重現。
【特徵】呈現寫實的樣貌。飛鳥時代後期開始更接近人類的輪廓。

平安時代前期
【製造方法】初期有一段時間流行乾漆造的製作方法，木造為主流。
【特徵】由於空海正式把密教傳入日本，因此產生以前未曾有過的密教特有的明王佛像種類。如來與菩薩面相豐滿、體型豐厚。

平安時代後期
【製造方法】以木造為主流。寄木造的技法研發出來之後，就成為製作佛像的主流。
【特徵】由於遣唐使制度廢止，所以受中國佛像的影響逐漸減少。佛像造型更接近日本人的臉型，帶有貴族感的穩重典雅氛圍。

鎌倉時代
【製造方法】寄木造為主流。流行把水晶嵌在眼睛的玉眼做法。
【特徵】寫實、男性風格，開始流行動感表現。

序言 瞭解佛像應具備的基礎概念

瞭解佛像應具備的基礎概念❶

佛像來到我家了!?

我是佛田明日子，大學二年級學生。
我急著要交關於佛像的報告，但是卻完全寫不出來呀！
唉…今天要熬夜趕工了呀…
吧
撒
風聲
哇
三塊好大的布？
雖然沒有味道，但也不太新。
到底是從哪裡飛來的呢？
有人遺失的東西，暫時先收起來，明天早上再送去警察局吧。
摺疊
摺疊
終於找到了~

佛像來到日本之前

○佛教開始流傳時，還沒有佛像

西元前五世紀左右，距今約二千五百年前的印度，喬達摩・悉達多（Gotama Siddhattha；後來的釋迦牟尼佛）為人說法，此為佛教的起源。佛陀涅槃之後，世人把輪寶、佛腳印、菩提樹等視為佛陀的象徵，接著也變成信仰這些象徵符號。

○象徵1　輪寶

佛陀就如太陽一樣珍貴地存在。因這層意義而將太陽圖像化為輪寶，並成為佛陀的象徵。

○象徵2　佛腳印

把佛陀走過的道路或待過的場所視為佛陀的象徵。

抱歉…
溜進來
咦！佛像!?
急忙穿上
今天很熱，我們泡了一下澡，結果衣服就被風吹走了。
佛像在說話……
只有特別的人才看得到我們的影像、聽得到我們的聲音。
撿到我們的衣服並小心保管，謝謝妳。
點頭行禮
對了，妳從剛剛就一直提到佛像。
我們各有不同的名稱喔。
？？

○象徵3　菩提樹

由於佛陀曾在菩提樹下冥想，所以菩提樹也成為佛陀的象徵。

○佛陀死後約五百年才有佛像

看到佛陀的形象心情會受到鼓舞，所以西元一世紀左右，代表佛陀形象的佛像就被製作出來。

○西元六世紀中期的飛鳥時代，佛像傳來日本

佛教與佛像從印度傳到現在的中國、朝鮮半島並廣為流傳。日本最早的正史《日本書紀》記載日本欽明天皇獲得百濟國（統治朝鮮半島的一個國家）獻上釋迦牟尼佛金銅像，因此推測傳到日本的時間約是西元六世紀中期的飛鳥時代。

瞭解佛像應具備的基礎概念❷

佛像的種類

佛像也有各種不同種類，
我所屬的是如來群組。
咳咳
阿彌陀如來
如來群組，很厲害嗎？
就像一家公司一樣，公司裡有社長、課長，以及沒有頭銜的一般職員……
有高低不同的位階
佛像的世界也是類似的情況。
為什麼這麼瞭解公司的狀況呢？
如果用圖表呈現就比較容易明白，妳把我說的寫下來。
啊，好～

瞭解佛像的訣竅

○利用「名稱分解」的簡單方法可以知道佛像的資訊

就如「佛像年表」中所記載的那樣，佛像經常是以漢字寫出「木造千手觀音菩薩立像」等長長的名稱。雖然感覺有點難，不過其實這樣的名稱正是佛像的簡介。

判別的要點就是「名稱分解」。以「木造觀音菩薩立像」為例，這個名稱能夠瞭解以下的資訊。

・木造：材質
・觀音菩薩：種類
・立像：姿勢

也就是說，這是一尊「以木頭製作」＋「觀音菩薩」＋「站立姿勢」的佛像。然而，就算分解名稱，也不容易搞懂佛像所屬的類別。因此，在這裡我們要先搞懂佛像所屬的不同類別。

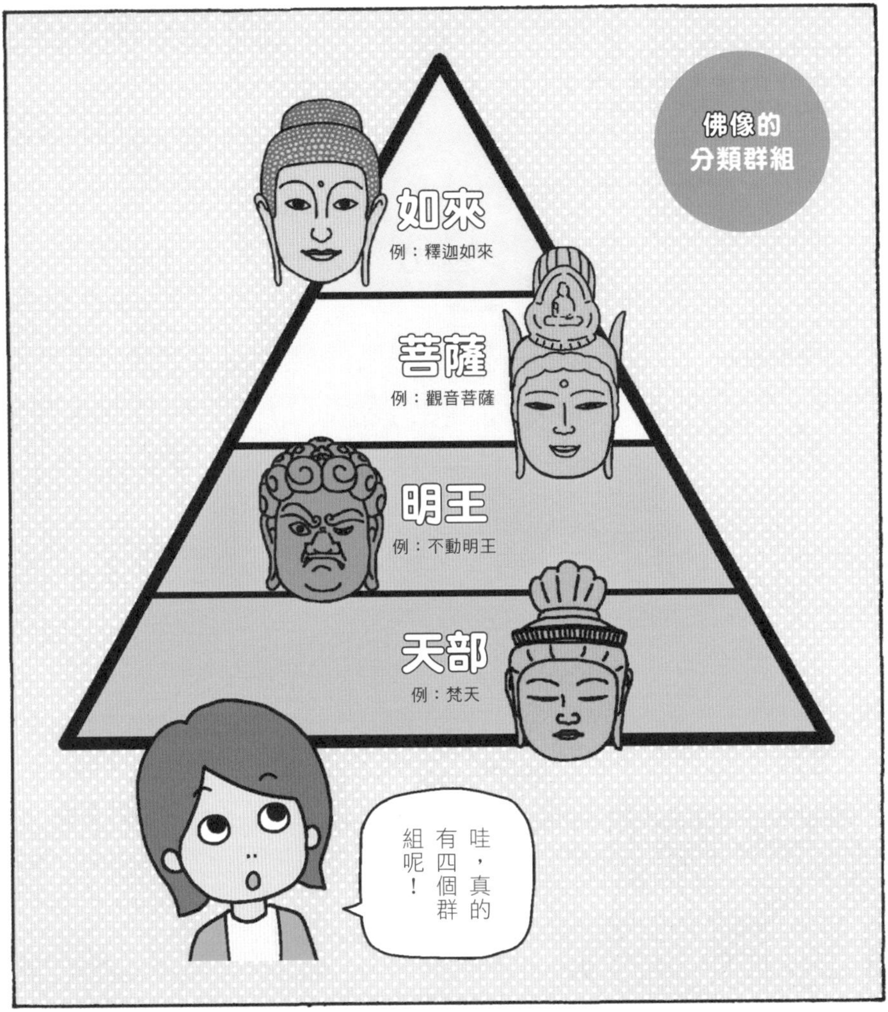
佛像的分類群組
如來
例：釋迦如來
菩薩
例：觀音菩薩
明王
例：不動明王
天部
例：梵天
哇，真的有四個群組呢！

○佛像分為四大群組

佛像大致分為「如來」、「菩薩」、「明王」、「天部」等四大群組。本書將在各章詳細說明。簡單說，如來屬於開悟的群組；菩薩指追求開悟、一邊修行一邊救濟世人的群組；明王指懲罰不遵從佛陀教誨者的群組；天部指為遵守教誨者帶來現世利益的群組。

○瞭解群組名稱
就容易瞭解佛像的種類

舉例來說

A：釋迦如來立像
B：阿彌陀如來坐像
C：不動明王坐像

分解以上三個佛像名稱，就會如下述這般。

A：（釋迦＋如來）＋立像
B：（阿彌陀＋如來）＋坐像
C：（不動＋明王）＋坐像

這樣就知道A與B屬於如來群組，C則屬於明王群組。

佛像姿勢指南

佛像的姿勢大致可分為立像、臥像、坐像、倚像等四種。其中採取坐姿的坐像又分為許多種類。

《坐像》

採坐姿。

結跏趺坐

雙腳盤起置於大腿上。被視為最高等級的坐法，如來多呈現此坐姿。結跏趺坐又分為兩種。

吉祥坐（結跏趺坐）

左腳盤起，腳掌背貼在右大腿上，再把右腳盤起置於左大腿上。從正面看是右腳在前。

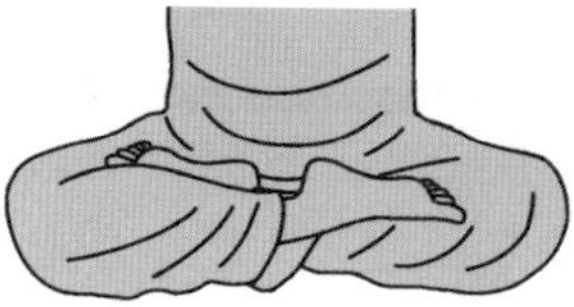

降魔坐（結跏趺坐）

與吉祥坐相反。

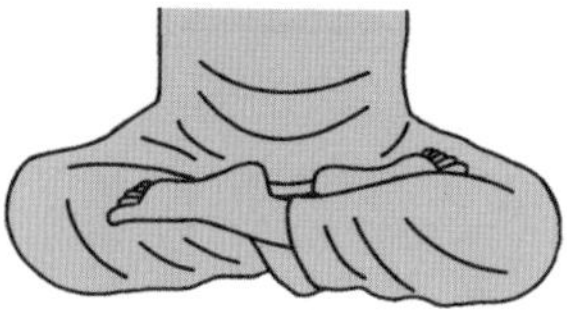

半跏趺坐

比結跏趺坐輕鬆，左右任一腳盤起置於另一腳大腿上。菩薩像經常可見此坐姿。

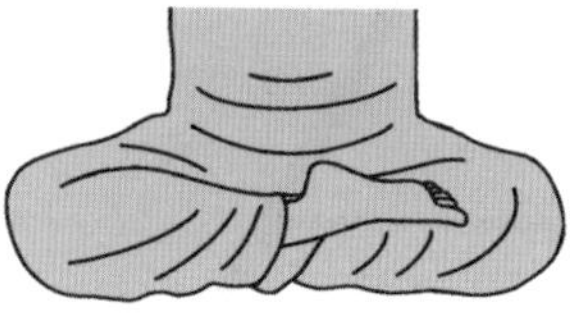

輪王坐

立起單膝，一手置於身後地面上。如意輪觀音經常可見此坐姿。

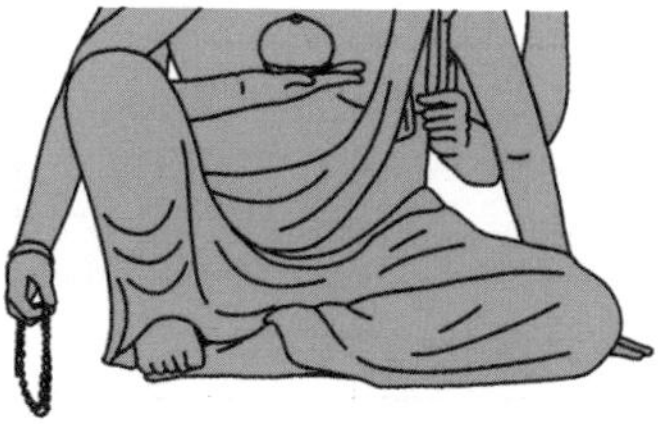

《立像》

站立的姿勢，兩腳併攏的立姿之外，也有左腳或右腳往前跨出的姿勢。

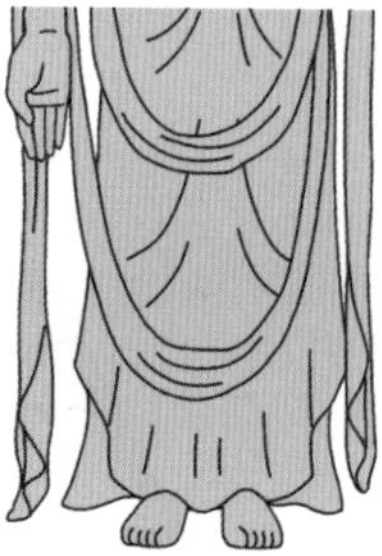

《倚像》

坐在台座等物品上。

半跏踏下坐

倚坐的一種。採取坐姿，右腳盤起，左腳下垂。彌勒菩薩或如意輪觀音經常可見這種姿勢。

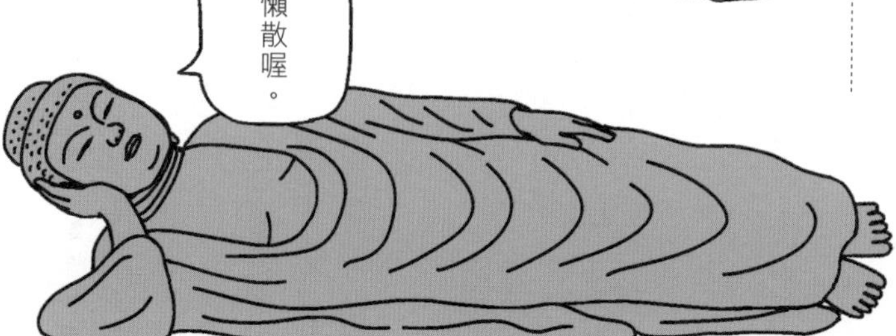

《臥像》

頭朝北、腳朝南地躺臥著，代表釋迦進入涅槃的姿勢，也因此只有釋迦如來才有臥像。

第一章 如來

和謂如來？

由釋迦牟尼佛說明比較詳細。
祢喝黑咖啡吧？
是，謝謝。
請祂們說明的話，報告就寫得出來吧！
拜託了！
好～
擅自泡起咖啡來了
如來指的是已經開悟的人。
然後，我們如來群組的佛像是以經過修行而開悟的釋迦為原型。

如來 指開悟者

○釋迦牟尼佛的生涯

誕生：西元前五世紀前後，生於印度北部小國的王室家庭，為釋迦族的王子。名為喬達摩．悉達多。

二十九歲：雖然在優渥環境中長大，但是為了思考如何救助為煩惱所苦的世人而出家。

三十五歲：經歷過嚴苛的修行而開悟。

八十歲：歿。在涅槃前四十五年間持續對世人說法，教導世人如何從痛苦中解脫。

○代表釋迦牟尼佛的各項特徵是製作佛像的基礎元素

釋迦牟尼佛涅槃之後以何種姿態呈現？各種說法都有。大致上來說有三十二種特徵，詳細分別則有八十種特徵，稱為三十二相．八十種好。製作佛像時則以這些特徵作為參考。

了不起～還有原型呢！
釋迦原本是印度一個小國的王子，
祂拋棄地位與財產，身穿一件布衣就出家了。
所以我們如來部是不帶裝飾品的。
樸素！
所以大家都只披一件衣服。
髮型與額頭上像是記號的東西也都一樣。
釋迦是印度人吧，不喝紅茶也沒關係嗎？
嗯？

○如來簡介

意義：如來指開悟者。

姿態：最具代表性的特徵就是被稱為螺髮的捲髮。另外，由於以苦行到最後終於悟道的釋迦牟尼佛為原型，所以如來的共同特徵就是身上纏著一件稱為衲衣的粗布。

○如來的種類

如來群組的佛像有釋迦如來、阿彌陀如來、藥師如來、毘盧舍那如來、大日如來等。佛教初期若稱如來即指釋迦如來，不過後來也出現跟釋迦一樣悟道的各種如來。例如接引世人前往極樂淨土的阿彌陀如來、治癒各種疾病的藥師如來，甚至出現把宇宙真理具象化的大日如來等等，統稱為如來。

如來的辨識方法

POINT
身披一件粗布衣的樸素裝扮，捲髮般的髮型為其明顯特徵。

髻珠
有時候肉髻與真髮相接處的正中央有一個稱為髻珠的紅珠。代表智慧的光明。

肉髻
頭頂隆起。這不是肉瘤，而是充滿智慧的象徵。頂髻相即為三十二相之一。

螺髮
頭髮捲曲有如燙過的捲髮，是擁有無上智慧的象徵之一。

三道
頸上有三條皺紋。有一說是代表悟道前的三個修行階段。

白毫
兩眉之間捲成渦狀的白毛，會綻放光明。若拉直有一丈五尺長（約四點五公尺）。三十二相之一有白毫相。

衲衣
如來是以開悟的釋迦牟尼佛為原型。由於呈現的是六年苦行後的模樣，所以身上纏著一條粗布衣稱為衲衣。

印相
印相代表佛像所傳遞的訊息。具代表性的是右手做出消除世人恐懼的施無畏印，左手做出實現世人願望的與願印。

結跏趺坐
如來的一般坐法。雙腳盤起，腳掌放在另一腳的大腿上。

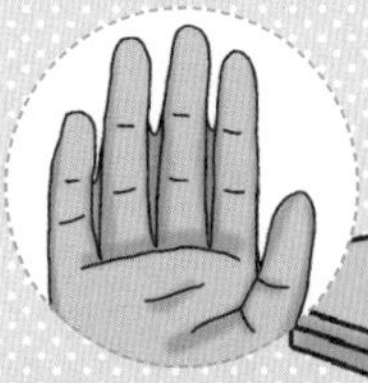

蹼!?
指間有像蹼一般的肉膜，意味著毫無遺漏地救濟世人。三十二相裡有手足指縵網相。

耳洞的痕跡!?
釋迦原來是印度的王子，出家前有配戴飾品，所以如來的耳朵就留下耳洞的痕跡。

蓮花座
模仿蓮花的台座。如來與菩薩多使用此台座。

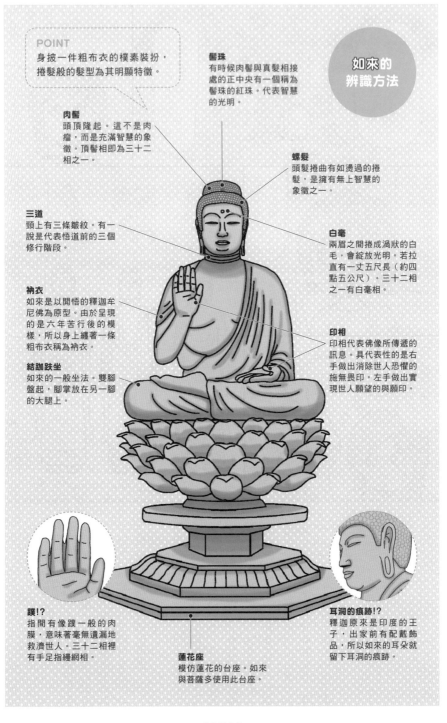

三十二相

如來像是根據佛陀殊勝的身體特徵「三十二相」製作而成。如來像不會呈現所有三十二個特徵。除了上一頁介紹的頂髻相、白毫相、手足指縵網相之外，還有金色相、肩圓滿相、長指相、正立手摩膝相、上身如獅子相等引人注目的身體特徵。

如來的特徵

01	**足下安平立相**	腳底平滿，走路時密著地面。	17	**七處隆滿相**	雙手、雙腳、兩肩、頸子等七處的肉圓滿潔淨。
02	**足下二輪相**	腳底有千輻輪。佛足石上會呈現此相。	18	**兩腋下隆滿相**	兩腋下方豐厚有肉而無凹陷。
03	**長指相**	手腳的指頭長而纖細。	19	**上身如獅子相**	上半身如獅王般威嚴。
04	**足跟廣平相**	腳跟圓滿。	20	**大直身相**	身體寬大端正。
05	**手足指縵網相**	手腳指間有如蹼一樣的膜。	21	**肩圓滿相**	雙肩圓滿豐厚。
06	**手足柔軟相**	手腳柔軟且顏色紅潤。	22	**四十齒相**	有四十顆牙且潔白美麗。
07	**足趺高滿相**	腳背高隆厚實。	23	**齒齊相**	牙齒大小一致且排列整齊。
08	**伊泥延膝相**	小腿肚如鹿腳般纖細。	24	**牙白相**	除了四十顆牙之外，還有四顆既大且白的牙齒。
09	**正立手摩膝相**	直立時雙手長可及膝。	25	**獅子頰相**	兩頰如獅子般隆起。
10	**陰藏相**	陰部藏在體內。	26	**味中得上味相**	無論吃什麼都感覺美味。
11	**身廣長等相**	身長與雙手伸展後的長度一樣。	27	**大舌相**	舌大且長可伸及髮際處。
12	**毛上向相**	身體毛髮往上右旋生長。	28	**梵聲相**	聲音潔淨美妙。
13	**一一孔一毛生相**	一孔各生一毛，毛色呈青琉璃色。	29	**真青眼相**	眼睛呈現青藍色。
14	**金色相**	身體閃耀著金色光芒。	30	**牛眼睫相**	眼睫毛如牛的眼睫毛一樣長。
15	**丈光相**	身體往四方綻放光明。光背即表示身後的光芒。	31	**頂髻相**	頭頂隆起。肉髻。
16	**細薄皮相**	皮膚細嫩不著塵垢。	32	**白毫相**	眉間渦狀白毛，且會放出光芒。

如來❶

釋迦如來

↙以釋迦如來為原型，最早製作而成的佛像

就算同屬如來部，為什麼名稱各有不同呢？
我們還沒有做自我介紹呢！
還是由釋迦如來開始吧！
小佛啊，佛像的始祖是釋迦如來喲！
那就麻煩您了
為什麼知道我的名字呢？
好的

○釋迦如來簡介

意義：釋迦（作為原型的釋迦之名）＋如來（指開悟者）就合成釋迦如來的名稱。

姿勢：身上纏著一件稱為衲衣的粗布，呈現樸素的樣貌。

○釋迦如來佛像上常看到的古拙微笑是什麼？

飛鳥時代製作的佛像稱為飛鳥佛，飛鳥佛最容易辨識的特徵就是古拙微笑（Archaic Smile）與杏眼。古拙微笑指嘴角兩端微微上揚，呈現微笑的表情；杏眼就如名稱所示，眼睛的形狀有如杏仁。這時代的佛像還有左右對稱且平面等其他特徵，若與後來製作的釋迦如來像比較，會發現許多精彩之處。

順帶一提，飛鳥時代的釋迦如來像以**法隆寺金堂**（**奈良縣斑鳩町**）的**釋迦三尊像**（**銅造・飛鳥時代・國**

釋迦如來涅槃後經過五百年左右，
想瞻仰釋迦如來面容的人越來越多，
所以就有人以釋迦如來為原型做出佛像。
釋迦大師的樣貌…
吭、、吭、、
這就是釋迦如來喲！
哇
所以從最開始就有了「釋迦」的名稱了。
後來，隨著佛教的發展，也產生了各種佛像。

寶」最有名，是被稱為佛師之祖，止利佛師（鞍作止利）的作品。

○日本最古老的佛像是哪尊？

日本最古老的正式寺院**飛鳥寺**（**安居院**）（**奈良縣明日香村**）裡，有創建寺院當時製作的本尊·**釋迦如來坐像**（**飛鳥大佛**）（**銅造·飛鳥時代·重文**①）。雖然佛像大部分經過後代修補，不過這尊佛像據說是日本現存最古老的佛像。這尊佛像也是止利佛師的作品，能夠看到杏眼等飛鳥佛的特徵。

○也有穿戴珠寶飾品的釋迦如來

釋迦如來的樣貌通常只披衲衣而不穿戴任何珠寶飾品，不過也有戴寶冠、飾品的寶冠釋迦如來，是罕見的如來像。**圓覺寺**（**神奈川縣鎌倉市**）、**東福寺**（**京都市**）等禪宗寺院可見這類的佛像。

①譯註：重文指重要文化財。

釋迦如來的辨識方法

POINT

釋迦如來是佛像始祖，也是如來部的基本原型。擁有如來所有的特徵。

肉髻
頭頂隆起，代表充滿智慧。
白毫
眉間長出渦狀白毛且會放出光芒。
螺髮
頭髮捲曲有如燙過的捲髮，是擁有無上智慧的象徵之一。
施無畏印．與願印
右手舉在胸前，手心向外的施無畏印，以及左手掌垂靠在膝上、手心向外的與願印是釋迦如來的代表印相。
三道
頸上有三條皺紋。
衲衣
粗布衣。
結跏趺坐
佛像有立像與坐像，坐像經常可見結跏趺坐。
須彌座　如來像經可見象徵須彌山的台座。

各種釋迦如來

因為是以真實存在的人物為原型，因此可以看到釋迦如來一生的經歷喔！
也有這麼可愛的佛像呀～
雙手合掌誕生。真不愧是釋迦如來！
釋迦從母親右手臂誕生，出生後立即走七步，然後右手指天，左手指地，出生後第一句話就說出：「天上天下，唯我獨尊。」也有佛像根據此傳說製作。

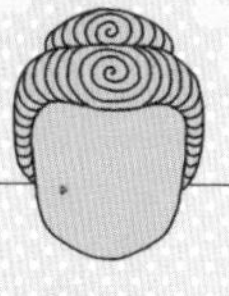

清涼寺式的釋迦如來像不是螺髮

平安時代，自中國宋朝傳來日本清涼寺（京都）的釋迦如來像擁有此獨特的造型，所以稱為清涼寺式，也在日本各地製作。「清涼寺式釋迦如來」的頭髮不是螺髮，而是如編繩的髮型。由於呈現釋迦生前的模樣，所以也被稱為「肉身釋迦如來」。

以釋迦如來為首的三尊佛像稱為釋迦三尊像

位於中間本尊兩側的佛像稱為「脇侍」。本尊與兩脇侍合稱為「三尊像」。如果是釋迦如來，左脇侍通常是文殊菩薩，右脇侍則為普賢菩薩。

如來❷

阿彌陀如來

接引至西方極樂淨土

不知為何就熱絡起來了…
吵鬧
吵鬧
阿彌陀大人—
微笑
驚訝
我們回去吧！
喔，已經這麼晚啦！
人好多～
要回去哪？
極樂淨土啊！
位於淨土的西方盡頭。
淨土？
ㄐㄧㄥˋ ㄊㄨˇ？

○阿彌陀如來簡介

意義：以無限光明救濟現世的世人，如果唱誦南無阿彌陀佛，臨終之際就會被接引到極樂淨土。這時，阿彌陀如來與菩薩等隨從會一起從極樂淨土前來接引。

姿勢：與其他如來一樣，通常只披一件衲衣，沒有配戴珠寶飾品。

特徵：住在淨土中最寬廣的極樂淨土中。由於追求極樂淨土的想法廣為流傳，所以自平安時代以後就受到民眾虔誠的信仰。

○平安時代京城．京都裡面看得到許多阿彌陀如來佛像的傑作

也是因為平安時代以後的普及，平安時代的京城．京都裡有許多阿彌陀如來像。大佛師．定朝的作品有知名的**平等院**（**京都府宇治市**）**阿彌陀如來坐像**（**木造．平安時代．國寶**）、以「回首阿彌陀佛」

佛陀的領地就稱為淨土。
阿彌陀如來
藥師如來
淨土
我住的地方在極西的地方。
東方的盡頭則是藥師佛所處之地。
EAST
WEST
就算是罪大惡極的人，只要唱誦南無阿彌陀佛，臨終時就可獲得解脱而無煩惱、無痛苦。
因為我們會帶領他們前往極樂淨土。
好棒！
請帶我到沒有考試或報告等任何痛苦的世界—
南無阿彌陀佛南無阿彌陀佛
不是這麼一回事啦……

而聞名的**永觀堂〔禪林寺〕（京都市）阿彌陀如來立像〔木造・平安時代・重文〕**、以及脇侍罕見地呈現大和坐②的**三千院（京都市）阿彌陀如來坐像〔木造・平安時代・國寶〕**等。

○極樂淨土中也有階級之分!?

極樂淨土分為九品等九個階級。根據往生者生前的行為與信仰，決定前往的地方。淨土信仰盛行的平安時代中期左右，九品往生的觀念開始廣為流傳。依照不同的階級，也有相應的九種不同印相（詳見下頁）。

○根據九品往生的概念製作九尊阿彌陀佛像

平安時代中期建造許多為了安置九尊阿彌陀佛的九體佛堂。不過目前僅存的只有**淨琉璃寺（京都府木津川市）**。淨琉璃寺也稱為九體寺。

②譯註：指跪坐。

阿彌陀如來的辨識方法

POINT
阿彌陀如來的原型與釋迦如來類似。不過，阿彌陀如來手持來迎印或阿彌陀定印，是阿彌陀如來專有的印相，看手就容易分辨。

肉髻
頭頂隆起，代表充滿智慧。

螺髮
頭髮捲曲有如燙過的捲髮，是擁有無上智慧的象徵之一。

白毫
眉間長出渦狀白毛，且會放出光芒。

三道
頸上有三條皺紋。

衲衣
粗糙的布衣。

阿彌陀定印
阿彌陀如來打坐冥想時所持之印相。手掌向上重疊，兩手屈起食指，拇指按在食指上。

結跏趺坐
佛像有立像與坐像，坐像經常可見結跏趺坐。

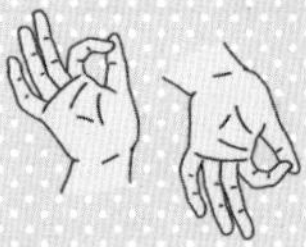

來迎印
來迎印也是阿彌陀如來才有的印相，代表從極樂淨土來接引往生者的意思。

以阿彌陀如來為首的三尊佛像稱為阿彌陀三尊像

阿彌陀如來除了單獨供奉之外，也有阿彌陀三尊像的組合，由觀音菩薩、勢至菩薩分居左、右擔任脇侍。
觀音菩薩要乘載往生者的魂魄，所以手持蓮台或蓮花，勢至菩薩的姿態則是安靜地合掌。

勢至菩薩

觀音菩薩

暱稱為「爆炸頭如來」

五劫思惟阿彌陀如來

各種
阿彌陀如來

五劫的「劫」是數量單位。計算後，五劫指216億年。思惟就是思考的意思。在216億年之間不斷思考救濟世人的方法，所以頭髮就長成這樣了。奈良市五劫院的如來佛像很有名喔。
216億年!?
是爆炸頭耶♪
髮型很特別吧。就是這樣才被稱為爆炸頭如來喔。

阿彌陀如來的九品往生印

	上生	中生	下生
上品	上品上生 	上品中生 	上品下生 
中品	中品上生 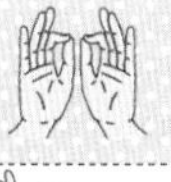	中品中生 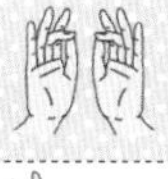	中品下生 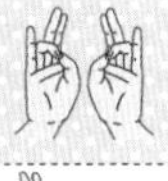
下品	下品上生 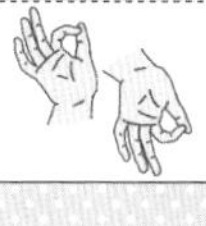	下品中生 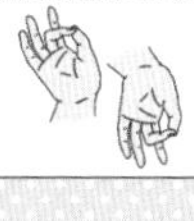	下品下生 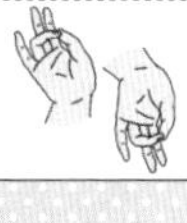

如來3

藥師如來

↙ 解救病苦的佛教界醫師

嗯？那個壺…
那個壺是什麼呢？
這個稱為藥壺
這個不僅可以救治世人的疾病
也裝有可救治國家疾病的藥物喲！
好強大的力量……

○藥師如來簡介

意義：為世人消除疾病與災難的如來。相對於阿彌陀如來講求來世往生極樂，藥師如來帶來的則是現世利益。

姿勢：與其他如來一樣，只披一件布衣，沒有配戴珠寶飾品。不過左手通常會拿藥壺，藥壺中裝了可治療各種疾病的藥物。

特徵：阿彌陀如來住在淨土極西的極樂淨土，藥師如來則住在淨土極東的淨琉璃淨土。

○也有不持藥壺的藥師如來!?

藥師如來像手持藥壺是平安時代以後的事。奈良時代以前的藥師如來都沒有拿藥壺，例如**藥師寺**（奈良市）**的藥師如來坐像〔銅造・奈良時代・國寶〕**。

相對於阿彌陀如來講求來世往生極樂世界，
阿彌陀如來
藥師如來
來世
現世
藥師如來則是帶來現世的利益。
藥師大人，您也有阿彌陀大人那樣的團隊嗎？
彈指
擔任脇侍的日光・月光菩薩
擔任護衛的十二神將群
咚！
哇，好像是保護偉大人物的警備護衛隊喔！
阿彌陀佛給人極樂淨土的歡樂感，藥師團隊則帶來守護的安心感呀～

○藥師如來身邊有護衛

服侍藥師如來的十二位武神稱為十二神將，守護藥師如來所發的十二個大願，也守護信仰藥師如來的信眾，可說是藥師如來的護衛。十二神將各自守護十二地支、十二個月、十二個方位。**新藥師寺（奈良市）的十二神將立像（塑造・奈良時代・國寶（只有波羅夷大將除外））**相當有名。

○藥師信仰

自飛鳥時代起，藥師如來就受到民眾信仰，以藥師如來為本尊的大型寺院也開始建造。奈良市的藥師寺是天武天皇為了祈求皇后（後來的持統天皇）疾病痊癒而下令建造的寺院。另外，同樣位於奈良市的新藥師寺據說是光明皇后祈求聖武天皇恢復健康而建造的寺院。順帶一提，**新藥師寺的藥師如來坐像（木造・平安時代・國寶）**眼睛很大，呈現獨特的樣貌。

藥師如來的辨識方法

POINT
說到藥師如來的象徵，那就是藥壺了。不過平安時代之前的藥師如來手上並沒有拿藥壺。

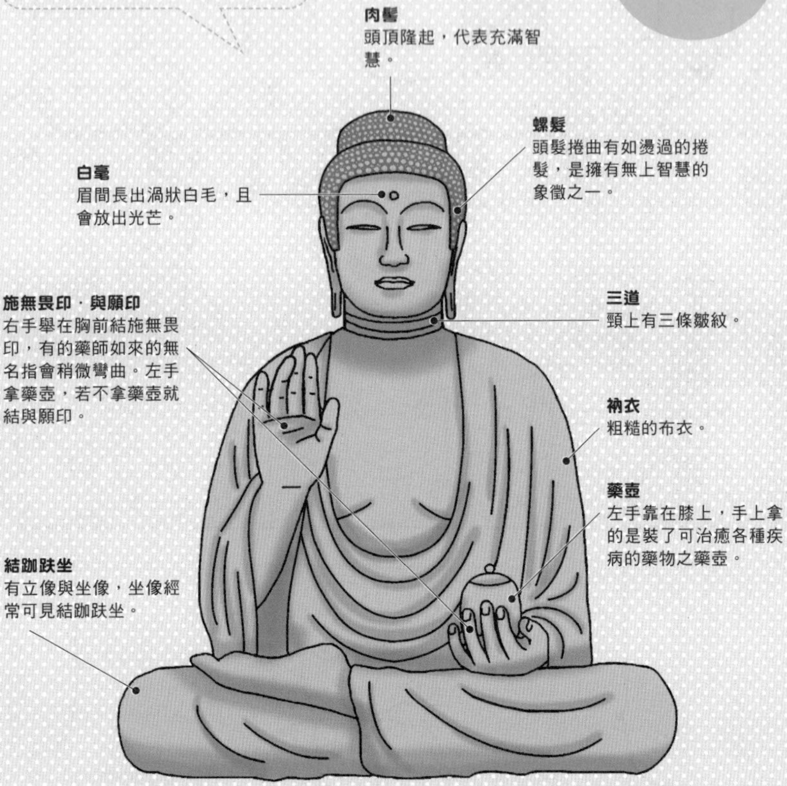
肉髻
頭頂隆起，代表充滿智慧。
螺髮
頭髮捲曲有如燙過的捲髮，是擁有無上智慧的象徵之一。
白毫
眉間長出渦狀白毛，且會放出光芒。
施無畏印・與願印
右手舉在胸前結施無畏印，有的藥師如來的無名指會稍微彎曲。左手拿藥壺，若不拿藥壺就結與願印。
三道
頸上有三條皺紋。
衲衣
粗糙的布衣。
藥壺
左手靠在膝上，手上拿的是裝了可治癒各種疾病的藥物之藥壺。
結跏趺坐
有立像與坐像，坐像經常可見結跏趺坐。

藥師如來為首的三尊佛像稱為藥師三尊像

一般的配置為中間的藥師如來、左脇侍的日光菩薩與右脇侍的月光菩薩。兩尊菩薩的任務分別是在白天（日光）與晚上（月光）加強藥師如來治療各種疾病的力量。日光菩薩手持太陽（蓮花上放著代表太陽的圓球）、月光菩薩手持月亮（蓮花上放著代表月亮的圓球）為常見的模樣。

月光菩薩　日光菩薩

藥師醫院二十四小時全年無休!?

藥師如來的特徵

白天由日光菩薩支援藥師如來。
晚上由月光菩薩支援藥師如來。
麻煩了
我來接手
十二神將每兩小時輪班守護。
總之，藥師如來的「藥師醫院」二十四小時全年無休，全力運轉。
24小時
好厲害，太感謝了~

毘盧舍那如來

代表佛教教義的佛陀

「關於如來」的報告完成～♪
よし
且慢！
神情嚴肅
如來不是只有這些而已。
毘盧舍那大人，歡迎！
劇烈動作…
劇烈動作…
這聲音是…？
劇烈動作…
?!

○毘盧舍那如來簡介

意義：毘盧舍那是梵語Vairocana（來自太陽）的音譯名稱。意思是像太陽一樣以身光・智光的大光明照耀全宇宙，代表永遠不滅的宇宙真理。是把佛教教義神格化的佛。

姿勢：與其他如來一樣，通常身上只披一件衲衣，沒有配戴珠寶飾品。

特徵：由於是萬物的中心，所以造像多半巨大，例如以「奈良大佛」之名為世人所熟知的**東大寺（奈良市）盧舍那佛坐像（銅造・奈良時代・國寶）**。

○蓮花藏世界
以台座與光背呈現

毘盧舍那如來住在蓮花藏世界，並位於該世界的中心位置。乍看與其他如來無分別，不過代表蓮花藏世界的蓮花座（象徵蓮花的台座）

毘盧舍那如來的辨識方法
POINT
坐在象徵蓮花的蓮花座上。
螺髮
白毫
衲衣
多是施無畏印、與願印。
好大……
毘盧舍那佛或是盧舍那佛，都有人稱呼喲！
毘盧舍那在梵語中是太陽的意思。
以大光明遍照全宇宙喔—
Sun
因為是宇宙中絕對的存在，所以造型都像奈良大佛那樣巨大。
宇宙?!好驚人的規模……
佛像的世界真是廣大無邊哪—

中有許多釋迦像，光背中也有無數的化佛（佛的化身），這些就是區別的重點。

○台座的線雕也是精彩的可看之處

「奈良大佛」的蓮花座呈現了蓮花藏世界，台座的每一枚蓮花瓣都以線雕刻畫出一尊釋迦如來。

○光背上有千尊佛的盧舍那佛

唐招提寺金堂（奈良寺）的盧舍那佛坐像〔脫活乾漆造．奈良時代．國寶〕的光背上呈現許多釋迦的化佛。據說原來有千尊佛，現在也還留有八百六十四尊，從位於無數佛像中心的盧舍那佛姿態可看出宇宙之浩瀚廣大。

如來⑤

大日如來

密教中最高位階的佛

閃亮
閃亮
你好，我是大日如來。
我是如來的壓軸。
什麼時候出現的！
我的配飾都非常相襯吧
咦？燦爛奪目——
如來不是都只披一塊粗布嗎？
如來之中，只有我比較特別。
大日如來有配戴寶冠與裝飾品喲！
大日如來是從密教產生的最高位階的佛。
閃亮
大日指「巨大的太陽」，比太陽更強烈的光芒照耀宇宙萬物。

○大日如來簡介

意義：大日指「巨大的太陽」，大日如來意指比太陽更強烈的光芒照耀著宇宙萬物。是從密教產生的最高位階的佛，也是宇宙中心絕對的存在。

姿勢：如來中較為特別的是身上配戴寶冠與裝飾品。作為宇宙中心存在的大日如來像都是以不動的坐像造像，沒有立像。

○大日如來有兩種

大日如來大致分為代表「智慧」的金剛界大日如來，以及代表「慈悲」的胎藏界大日如來。金剛指鑽石，表示大日如來的智慧絕對不會受到損傷。胎藏表示宇宙萬物都包含在大日如來之中，如同母體懷孕一般。兩者都是密教的世界觀建立後所產生的觀念。

毘盧舍那如來也是使用太陽，以大光明遍照宇宙。
不過我是進化版！
大日如来
毘盧舍那如来
在日本推廣密教的是空海，所以……
ふむふむ
是平安時代以後的佛像吧！
POINT
華麗的模樣與智拳印是顯眼的標記。
大日如來的辨識方法
寶冠
不是螺髮
配戴飾品
智拳印
類似忍者使用的手勢，這是大日如來特有的印相（正確來說是金剛界大日如來，參考下述說明）。
光是如來群組就有各種各樣的佛像呢！
慢慢吸收瞭解的話，「佛像」就變得越來越有趣了！

○獨有的印相

象徵「智慧」的金剛界大日如來手結代表智慧深度的智拳印。智拳印類似忍者的手勢，是其他如來或菩薩所沒有的獨有印相。另一方面，象徵「慈悲」的胎藏界大日如來則以法界定印表示慈悲心。

○知名佛師．運慶的出道作品就是大日如來

圓成寺（奈良市）的大日如來坐像（木造．平安時代．國寶）據說是現存作品中，運慶的第一件作品。

○產生大日如來的「密教」

大日如來是西元七世紀左右，在印度流傳的密教所產生的佛。密教傳到日本時約九世紀左右（平安時代），自唐朝回國的空海大師建立真言宗之後，密教就廣為流傳。隨著密教的普及，大日如來佛像的製作數量也變多。

COLUMN 2

佛像印相指南

佛像的手勢稱為「印」或「印相」。印相是佛像以實際的手勢表達想傳遞的訊息，就如肢體語言一樣。其中施無畏印、與願印、說法印、降魔印、定印是隨著釋迦的特定行為而產生的肢體語言，也稱為「釋迦五印」，是釋迦如來具代表性的印相。如此這般，看到印相不僅瞭解佛像帶來的利益，也能夠辨識佛像的種類。

合掌也是印相之一

合掌

【意義】據說印度自古以來就是以此手勢表示包含敬意的問候。佛教採用此印後，就成為參拜時的禮儀。合掌是印相之一，也是各種印相的基本型。由於右手代表「潔淨的佛」，左手代表「不潔的自己」，所以合掌就表示希望「佛」與「自己」合為一體。

【結此印的主要佛像】
勢至菩薩、觀音菩薩、千手觀音、不空羂索觀音等。

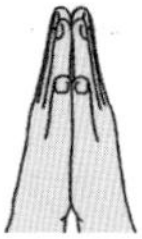

平常不經意
做出來的合掌也含
有這樣的意義呢。

定印

【意義】釋迦如來開悟時的姿勢。表示冥想的狀態。

【結此印的主要佛像】
釋迦如來、藥師如來、阿彌陀如來、胎藏界大日如來等。

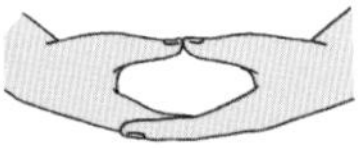

施無畏印、與願印

【意義】以右手表示無所「畏懼」，以此緩和聽法者的緊張，左手表示「達成願望」的意思。

【結此印的主要佛像】
釋迦如來、藥師如來等。

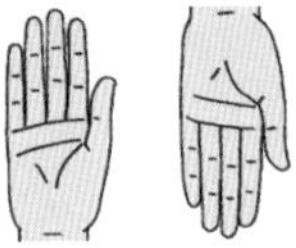

記得意義就容易
分辨喲！

刀印

【意義】表示阿彌陀如來說法的姿勢。

【結此印的主要佛像】
阿彌陀如來。

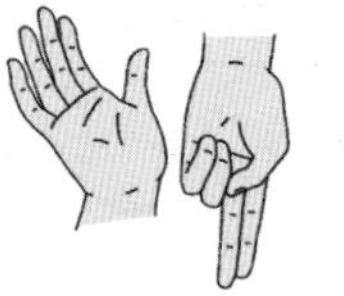

阿彌陀定印

【意義】定印的變化型，是阿彌陀如來特有的印相。同樣表示冥想的姿勢。

【結此印的主要佛像】
阿彌陀如來。

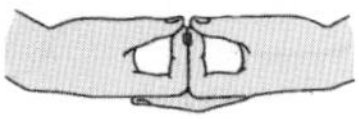

說法印

【意義】釋迦如來說法時的印相。

【結此印的主要佛像】
釋迦如來、阿彌陀如來等。

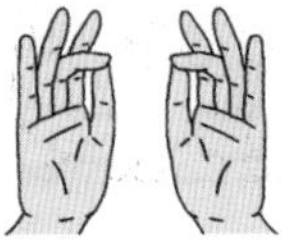

智拳印

【意義】表示領悟的最高境界。

【結此印的主要佛像】
金剛界大日如來。

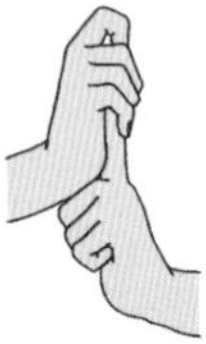

來迎印

【意義】為了接引信眾到極樂淨土，阿彌陀如來出現於現世時的姿勢。

【結此印的主要佛像】
阿彌陀如來。

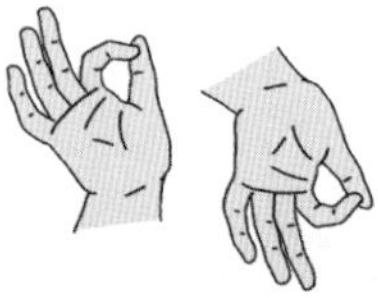

降魔印

【意義】釋迦如來在冥想中，以左手接觸大地以逐退意圖妨礙冥想的惡魔。

【結此印的主要佛像】
釋迦如來、彌勒如來等。

第二章 菩薩

何謂菩薩？

菩薩指一邊修行一邊救濟他人者

寫完了～
多虧如來部的佛像們幫忙，我可以交報告了～
離下次交報告還有很多時間，不過可以先做準備
好期待ー
接下來是菩薩們
嗯ー嗯
如果有人能夠像如來祂們那樣詳細指導就好了ー
菩薩們的裝扮時尚，所以光看外表也很賞心悅目喔！
噹啷
突然現身!?

○菩薩簡介

意義：菩薩是菩提薩埵的簡稱，為梵語音譯而來。菩提指「開悟」，薩埵指「眾生」。兩個意思合起來的「追求開悟者」就是菩薩的意思。隨著時代的演變，菩薩變得不只是自己追求開悟，也具有「救助他人使之開悟」的意思。

姿勢：由於是以王子時代的釋迦如來為原型，所以呈現印度貴族的樣貌。大多數的樣貌是束髮、配戴各種裝飾品。

特徵：為了無遺漏地幫助世人脫離各種苦難，所以變化出各式各樣的菩薩像。

○為如來的助手

菩薩的任務是支援如來，幫助如來工作更快速，所以經常可見菩薩擔任如來的脇侍，形成三尊像的形式。

以追求開悟而修行的菩薩是以釋迦出家前的王子形象為原型。
哇
確實跟如來不一樣，好華麗啊！
由於是印度王族的裝扮，所以配戴著奢華的飾品。
光彩奪目
以前印度王族的打扮都這麼華麗呢。
雖然我一邊修行追求開悟，但也不能只有自己開悟，
如果受到請託，也想要救助對方。
佛像
您真是好人～我可以成為您的粉絲嗎？
我不是人類。

○許多菩薩單獨受到世人信仰的理由

儘管菩薩的任務是支援如來，不過菩薩「不只以自己開悟為目標，也以救助他人為目的」，由於這樣的性格背景，所以獲得眾多信眾虔誠的信仰。

○上求菩提，下化眾生

「上求菩提，下化眾生」這句話正顯現菩薩的性格。上求菩提指日日修行精進以求開悟；下化眾生指宣揚佛道進行渡化。

○自利行與利他行

只為自己而做出的行為稱為自利行，相對於此，像菩薩那樣為他人而做出的行為就稱為利他行。

菩薩的辨識方法

POINT
由於是以王子時代的佛陀為原型，所以菩薩的裝扮較時尚。

寶冠
飾以寶石的王冠。由於是以王子時代的佛陀為原型，所以頭戴寶冠的菩薩也很多。

寶髻
頭髮束起的各種造型。垂肩的髮型稱為垂髮。

白毫
眉間長出渦狀白毛，且會放出光芒。與如來同。

瓔珞
以繩串起珠寶的飾品。

三道
頸上有三條皺紋。與如來同。

條帛
像帶子一樣的布條。

持物
佛像手上所拿的物品稱為持物。每種持物各有不同含意。順帶一提，此菩薩手上所拿的是水瓶。

天衣
如披肩般的長布。

裙
腰上纏著如裙般的衣物。

蓮花座
蓮花造型的台座，是如來或菩薩像經常可見的台座造型。

菩薩的特徵

菩薩手上的主要持物

佛像手上的持物樣式繁多，每種持物也各有不同含意。菩薩們的佛像手上都會拿著代表自己任務或功德的持物，所以如果瞭解持物的意義，就容易瞭解該佛像的特性。

持物也有不同的含意喲！

【持物】
蓮花
【意義】
蓮花出汙泥而不染，保持潔淨，所以象徵開悟而不被煩惱汙染。
【主要持有的菩薩】
觀音菩薩

【持物】
水瓶
【意義】
瓶中裝了可實現願望的水，如果將瓶中的水灑在身上，汙穢就會消失。
【主要持有的菩薩】
觀音菩薩

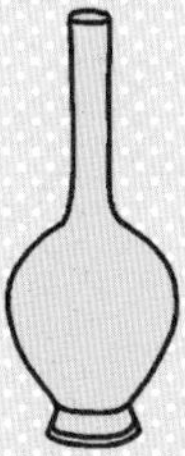

【持物】
寶珠
【意義】
可達成各種願望的寶玉。
【主要持有的菩薩】
千手觀音、如意輪觀音、地藏菩薩

【持物】
輪寶，或說法輪
【意義】
原本是印度的武器。據信可破除煩惱。
【主要持有的菩薩】
如意輪觀音

【持物】
羂索
【意義】
以五色線結成的繩子，可套住煩惱。
【主要持有的菩薩】
不空羂索觀音

【持物】
錫杖
【意義】
一種手杖。前端有象徵寶珠的圓輪，另外有金屬圓圈穿過圓輪。走路時金屬圈會發出聲響以擊退不好的事物。
【主要持有的菩薩】
地藏菩薩

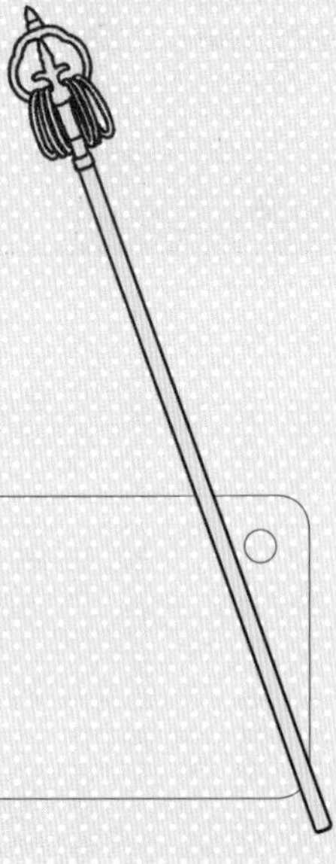

也有配戴許多飾品的「華麗菩薩」呢

「華麗菩薩」的時尚小物

耳璫：穿耳式的耳環。
瓔珞：以繩串起珠寶的飾品。
腕釧：戴在手腕的手鐲。
臂釧：配戴在手臂上的飾品。
腳釧：戴在腳上的飾品。

菩薩 1

彌勒菩薩

五十六億七千萬年後將成佛

喀擦
轉頭
回來啦！
啊！是……
哇
快速轉回
我從早上就來叨擾了，我是彌勒菩薩！
如來
我是一定會成佛（如來）的菩薩。
嗯嗯
書上說菩薩們指修行中的人。
閃耀
其中，我是繼釋迦牟尼佛之後確定會成佛的人。

○彌勒菩薩簡介

意義：繼釋迦牟尼佛之後開悟，確定會成佛的菩薩。釋迦牟尼佛涅槃後經過五十六億七千萬年，彌勒菩薩為了渡化世人而從兜率天（彌勒菩薩修行的地方）前來世間。

姿勢：奈良時代以前的彌勒菩薩造型都是正在進行冥想的思惟像（多半是左腳下垂的半跏像）。平安時代以後的佛像則演變為坐像或立像。

○擁有熱情粉絲的半跏思惟像

許多人被半跏思惟像的美麗慵懶表情所吸引。其中知名的有**廣隆寺（京都市）的彌勒菩薩半跏像（別名：寶冠彌勒）**〔木造・飛鳥時代・國寶〕、**中宮寺（奈良縣斑鳩町）的菩薩半跏像（寺傳如意輪觀音）**〔木造・飛鳥時代・國寶〕。

我現在在佛教認為聳立於世界中心的須彌山上，極遠的頂端兜率天中修行。
我一直在思考如何救濟世人
所以才會呈現那樣的姿勢嗎？
何時修行才會結束呢？
56億7千萬年後
56億———!?
大驚
呵
超便宜
該不會從早上就在想這個問題吧
好啦，反正有好多時間可以用，隨便啦！

廣隆寺寶冠彌勒的姿勢讓人想起法國雕刻家羅丹的作品「沉思者」，所以也被稱為「東洋的詩人」。

○彌勒佛與彌勒菩薩

「彌勒菩薩總有一天會成佛」，所以也有彌勒菩薩在五十六億七千萬年後成為如來的彌勒如來像。

○各種彌勒佛像

佛師・運慶晚年的知名作品有興**福寺北圓堂**（**奈良市**）**的彌勒如來坐像**（**木造・鎌倉時代・國寶**）、**當麻寺金堂**（**奈良縣葛城市**）**的彌勒佛坐像**（**塑造・飛鳥時代・國寶**）等。另外，被稱為大佛始祖的**東大寺博物館**（**奈良市**）**彌勒佛坐像**（**木造・平安時代・重文**），則是以「大佛的試作」③之名為世人所熟知，其獨特的姿勢人氣極高。

③譯註：據傳是東大寺製作毘盧舍那時的試作品。

彌勒菩薩的辨識方法

POINT

古時候（奈良時代之前）的彌勒菩薩是以半跏思惟的姿勢為主流。

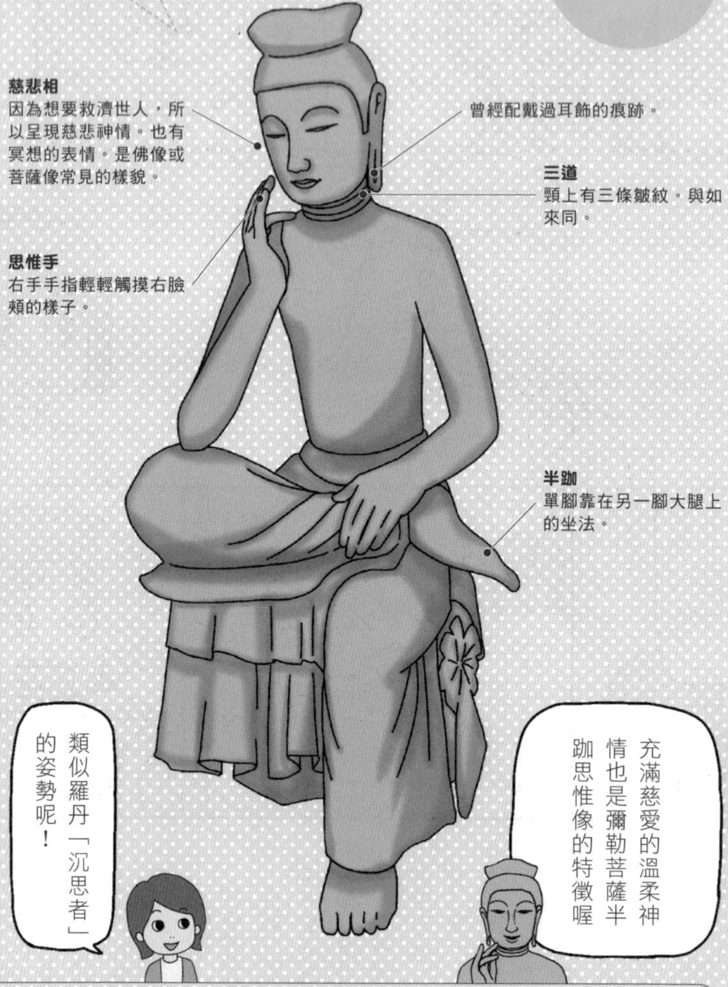
慈悲相
因為想要救濟世人，所以呈現慈悲神情。也有冥想的表情。是佛像或菩薩像常見的樣貌。
曾經配戴過耳飾的痕跡。
三道
頸上有三條皺紋。與如來同。
思惟手
右手手指輕輕觸摸右臉頰的樣子。
半跏
單腳靠在另一腳大腿上的坐法。
類似羅丹「沉思者」的姿勢呢！
充滿慈愛的溫柔神情也是彌勒菩薩半跏思惟像的特徵喔

彌勒菩薩經常看到的半跏思惟姿勢所代表的意思？

右手屈肘靠在右膝上，右手手指輕輕觸碰右臉頰的思惟（思考）姿勢。一腳靠在另一腳的大腿上，稱為半跏趺坐，半跏思惟像的左腳則是下垂。臉上呈現冥想的表情，呈現彌勒菩薩降臨娑婆世界時，思考著該如何救濟世人的模樣。

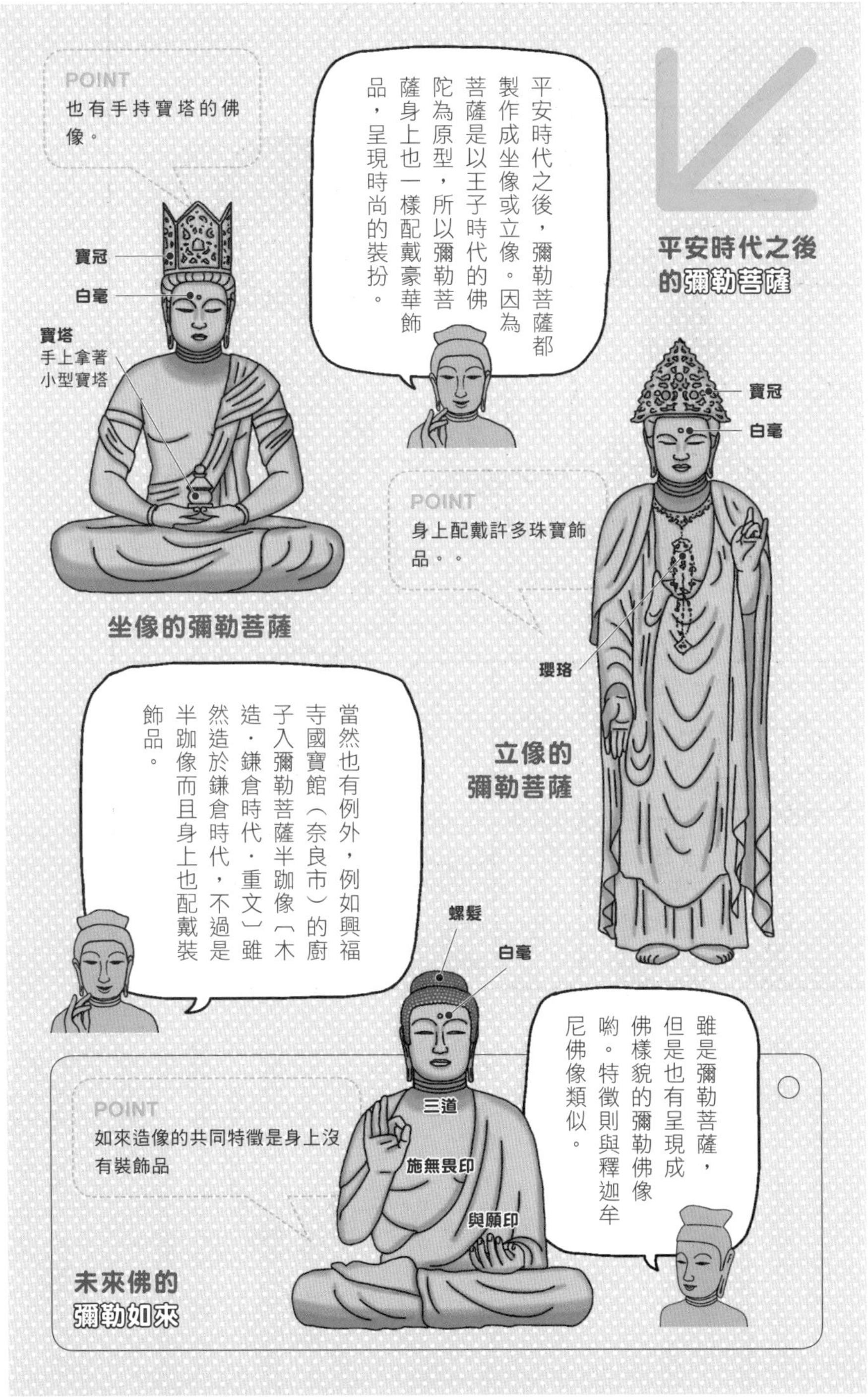
平安時代之後的彌勒菩薩
平安時代之後，彌勒菩薩都製作成坐像或立像。因為菩薩是以王子時代的佛陀為原型，所以彌勒菩薩身上也一樣配戴豪華飾品，呈現時尚的裝扮。
POINT
也有手持寶塔的佛像。
寶冠
白毫
寶塔
手上拿著小型寶塔
坐像的彌勒菩薩
寶冠
白毫
POINT
身上配戴許多珠寶飾品。。
瓔珞
立像的彌勒菩薩
當然也有例外，例如興福寺國寶館（奈良市）的廚子入彌勒菩薩半跏像（木造・鎌倉時代・重文）雖然造於鎌倉時代，不過是半跏像而且身上也配戴裝飾品。
螺髮
白毫
三道
施無畏印
與願印
雖是彌勒菩薩，但是也有呈現成佛樣貌的彌勒佛像喲。特徵則與釋迦牟尼佛像類似。
POINT
如來造像的共同特徵是身上沒有裝飾品
未來佛的彌勒如來

菩薩②

觀音菩薩

這家店的鬆餅看起來好好吃喔—
我約會時想去這家，
雖然沒有男朋友。
遞
救助之手?!
觀音菩薩!?
妳好
呵
我剛剛泡的咖啡……
您的知名度非常高呢！
請教我受異性歡迎的秘訣！
希望像您一樣
可能是我聞聲救苦的緣故吧
喔—依—喔—依—

菩薩的代表，所有觀音的基本型

○觀音菩薩簡介

意義：觀察尋求解脫的世人並且自在地救濟世人。也稱為觀世音菩薩、觀自在菩薩。

姿勢：頭上有阿彌陀佛的化佛（小佛像）。手持蓮花或水瓶。如果作為阿彌陀佛的脇侍，則經常可見手舉蓮台的姿勢。

特徵：由於要回應尋求救濟的世人，也為了配合每個人的願望，所以變化出三十三種樣貌（三十三觀音）。

○與變化觀音區別，亦稱聖（正）觀音

與勢至菩薩一起擔任阿彌陀佛的脇侍時，通常稱觀音菩薩像。為了跟變化觀音（變化成其他樣貌的觀音）區別而稱為聖觀音，僅限於單獨供奉時的佛像。

然後，在那人活著的時候，我會讓他實現願望。
哇哇
哇哇
現世
稱為現世利益
我想要一個帥氣男朋友、吃很多鬆餅，啊，還有順利找到工作……
人類的願望真是五花八門呢
千手觀音
為了應對各式各樣的願望，所以產生各種變化形態的觀音菩薩，也就是變化觀音。例如千手觀音
就是其中一例。
為了跟變化觀音區別，所以稱基本型的觀音為聖觀音
就是我
至少給我很多鬆餅——
不是男朋友喔

○六觀音救濟六道眾生

佛教有所謂輪迴的觀念，認為眾生死後會隨著生前的業障而輪迴（重生）到六種世界，這六種世界就稱為六道。分別救濟六道的觀音就稱為六觀音。

地獄道—聖觀音、餓鬼道—千手觀音、畜生道—馬頭觀音、修羅道—十一面觀音、人道—准胝觀音（真言宗）．不空羂索觀音（天台宗）、天道—如意輪觀音。

○法隆寺觀音菩薩們的別稱更有名

法隆寺（奈良縣斑鳩町）裡面，**夢殿的救世觀音**〔木造．飛鳥時代．國寶〕、**大寶藏院的百濟觀音**〔木造．飛鳥時代．國寶〕、**夢違觀音**〔銅造．飛鳥時代．國寶〕等，都是以別稱而聞名的佛像，這些都是觀音菩薩，正式名稱都是觀音菩薩立像。

觀音菩薩的辨識方法

POINT
觀音菩薩的特徵標誌是阿彌陀佛的化佛。

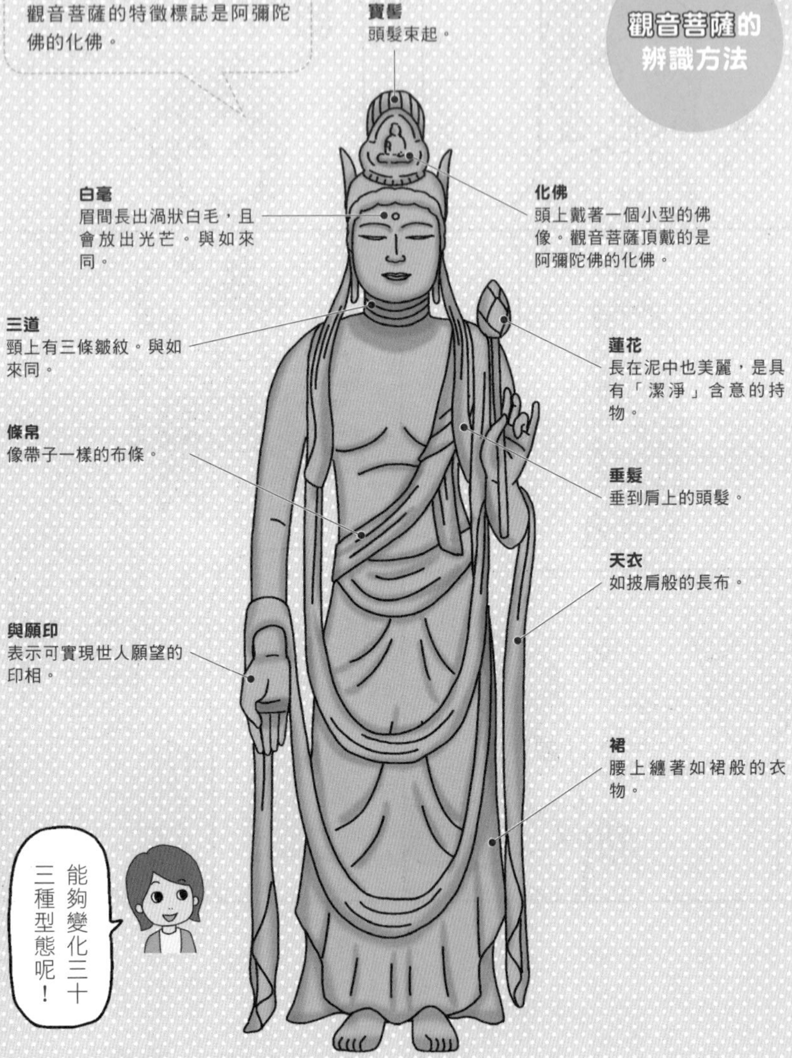

寶髻
頭髮束起。
化佛
頭上戴著一個小型的佛像。觀音菩薩頂戴的是阿彌陀佛的化佛。
白毫
眉間長出渦狀白毛，且會放出光芒。與如來同。
三道
頸上有三條皺紋。與如來同。
蓮花
長在泥中也美麗，是具有「潔淨」含意的持物。
條帛
像帶子一樣的布條。
垂髮
垂到肩上的頭髮。
天衣
如披肩般的長布。
與願印
表示可實現世人願望的印相。
裙
腰上纏著如裙般的衣物。
能夠變化三十三種型態呢！

古代的觀音菩薩沒有化佛？

如果造像頭上有阿彌陀佛的化佛，就可以判斷是觀音菩薩。不過更早的時候，也有的觀音菩薩頭上沒有化佛。順帶一提，除了頭上戴著小型佛像之外，光背上的佛像也稱為化佛。

觀音菩薩的特徵

三十三觀音列表

根據經典的記載，觀音菩薩救濟世人時，會因應對方所受的苦難而現出三十三種變化。根據這個說法而產生三十三觀音。

01 楊柳觀音	12 水月觀音	23 琉璃觀音
02 龍頭觀音	13 一葉觀音	24 多羅尊觀音
03 持經觀音	14 青頸觀音	25 蛤蜊觀音
04 圓光觀音	15 威德觀音	26 六時觀音
05 遊戲觀音	16 延命觀音	27 普悲觀音
06 白衣觀音	17 眾寶觀音	28 馬郎婦觀音
07 蓮臥觀音	18 岩戶觀音	29 合掌觀音
08 瀧見觀音	19 能靜觀音	30 一如觀音
09 施藥觀音	20 阿耨觀音	31 不二觀音
10 魚籃觀音	21 阿摩提觀音	32 持蓮觀音
11 德王觀音	22 葉衣觀音	33 灑水觀音

三十三觀音之主要佛像

【名稱】楊柳觀音
【意義．特徵】右手持楊柳枝以去除惡疾，解除世人的病痛。也稱為藥王觀音。
【佛像】大安寺（奈良市）的楊柳觀音立像〔木造．奈良時代．重文〕據說是天平時代雕刻作品中，卓越的作品之一。呈現觀音像罕見的忿怒相。

【名稱】水月觀音
【意義．特徵】看著映在水中月亮的觀音姿態。
【佛像】東慶寺（神奈川鎌倉市）的水月觀音菩薩半跏像〔木造．鎌倉時代〕，不拘束的獨特姿勢與美感非常受民眾喜愛。

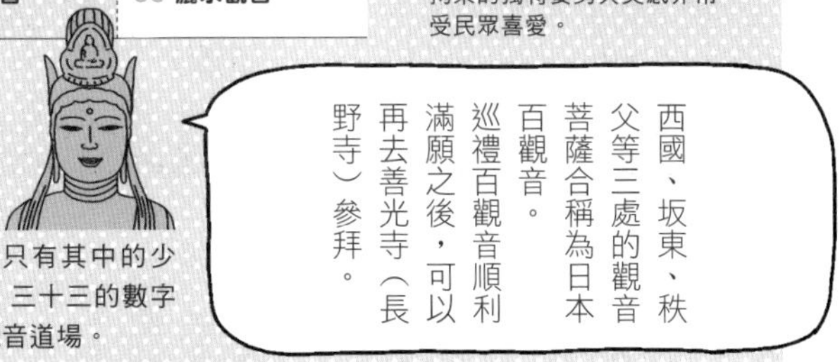
西國、坂東、秩父等三處的觀音菩薩合稱為日本百觀音。巡禮百觀音順利滿願之後，可以再去善光寺（長野寺）參拜。

主要的三十三觀音道場

三十三觀音中，以佛像呈現的只有其中的少數，不過隨著觀音信仰的普及，三十三的數字也隨之發展，進而產生三十三觀音道場。

名稱	地區	由來
西國三十三觀音道場	和歌山、奈良、大阪、京都、兵庫、滋賀、崎阜	長谷寺（奈良縣櫻井寺）的道德上人提倡而開始的，是現在普及全國各地的觀音道場之始祖。
坂東三十三觀音道場	東京、神奈川、埼玉、群馬、栃木、茨城、千葉	據說是鎌倉幕府三代將軍．源實朝的時代所制定的。
秩父三十四觀音道場	埼玉縣秩父市一帶	據傳是從鎌倉時代開始的。觀音信仰普及的江戶時代，道場巡禮的活動相當盛行。

菩薩③

十一面觀音

眼睛看著各個方向，所願皆成

請問，觀音菩薩會因應信眾的願望而變身吧！
靠化妝就有這樣的改變哪—
靠化妝變臉
化妝前
化妝後
重點！
嗯
變身的觀音稱為變化觀音，例如……
十一面觀音
蹦
呀—變身了！

○十一面觀音簡介

意義：十一張臉往不同方向看，幫助世人從煩惱與痛苦中解脫，實現所有人的願望。

姿勢：在日本通常看到的是有雙手、頭上有十一張臉孔之立像（也有頭上九張臉的特例）。十一張臉孔的配置通常是前三面為菩薩面，左三面為瞋面，右三面為狗牙上出面，後面的臉孔是大笑面，頭頂上的是佛面。

特徵：變化觀音中最早成立，在奈良時代中期就被製成。到了平安時代，受歡迎的程度更高，製作了更多的十一面觀音像。

○具有人氣的十一面觀音巡迴展

十一面觀音受到散文作家白州正子等知名人士以及一般信眾的信仰。順帶一提，全日本多數的十一

頭上有很多張小面孔！
觀音菩薩本來就具有實現各種願望的力量
具體呈現觀音菩薩威力的就是十一面觀音。
若想要毫不遺漏地抓住世人的所有願望，就必須眼看四面八方才行。
所以就變化出能夠遍看各方向的十一面
環繞
原來如此
不過，千年以前就做出十一張臉的佛像，這樣的創造力也太驚人了……
由於每張臉孔的配置與任務都有意義，如果事先瞭解的話，就更容易理解十一面觀音喔！
往次頁！

面觀音像中，被指定為國寶的只有七尊（二〇一四年為止），分別位於**聖林寺（奈良縣櫻井市）**、**法華寺（奈良市）**、**寶生寺金堂（奈良縣宇陀市）**、**觀音寺（京都府京田邊市）**、**道明寺（大阪府藤井寺市）**、**向源寺〔渡岸寺〕（滋賀縣長濱市）**、**六波羅蜜寺（京都市）**。不過，法華寺、寶生寺、道明寺的十一面觀音立像一年只有數次特別公開，六波羅蜜寺則每隔十二年的龍年才公開。

○被譽為東洋維納斯的十一面觀音

作家井上靖被**向源寺（滋賀縣長濱市）的十一面觀音立像〔木造・平安時代・國寶〕**之美所吸引，稱此觀音為東洋的維納斯。據傳以前為了逃避戰亂，此立像曾被村民埋在地下保護。其實希臘米洛斯島的維納斯像在被發現之前也一直埋在地底下。

十一面觀音的辨識方法

POINT
頭上有十一張臉孔，這是十一面觀音的最大特徵。

頭上有十一張臉孔
白毫
眉間長出渦狀白毛，且會放出光芒。與如來同。
化佛
十一面觀音也屬於觀音部，所以頭上戴著阿彌陀佛。
三道
頸上有三條皺紋。與如來同。
垂髮
垂到肩膀的頭髮。
條帛
像帶子一樣的布條。
水瓶
瓶中裝了可實現願望的水，灑了瓶中水，身上的汙穢就會消除。
與願印
表示可實現世人願望的印相。
裙
腰上纏著如裙般的衣物。
天衣
如披肩般的長布。
為什麼手那麼長呢？
〈第一章 如來〉提到「三十二相」吧。手長及膝也是三十二相之一，這也是菩薩像看得到的特徵喔。

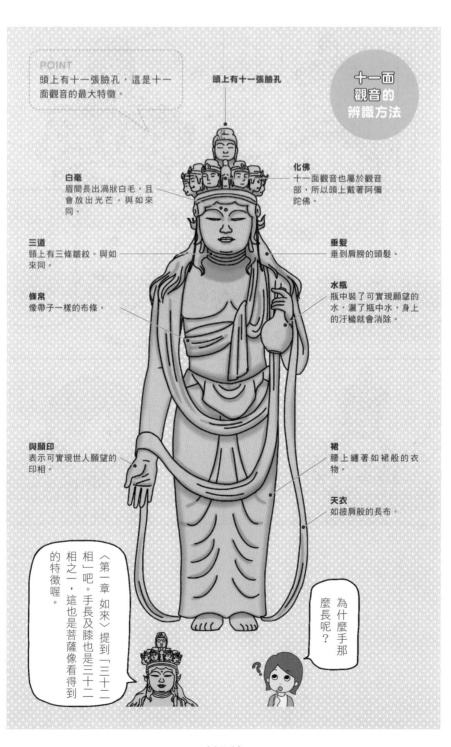

十一面觀音的特徵

確認頭上臉孔的「意義」與「功德」

有的是加上主要臉孔的「十一面」，也有的不是。另外也有二段、三段的排列方式。這裡以正統的排列方式介紹化佛以外的其他十一面的配置。一起來學習每張臉孔的意義與其所帶來的功德吧。

每張臉孔都有不同的意義呢！

↑後
狗牙上出面
瞋面
狗牙上出面
瞋面
菩薩面
菩薩面
前↓

大笑面　「你做了壞事吧」就像是看透對方的黑心而嘲笑，令其改過自新。

狗牙上出面
「你做了好事情呢」，露齒而笑並且勉勵對方「以後也要繼續做好事喔」。

佛面
頭頂上有如來相。說明開悟的境界。

瞋面
叱責「不可以做壞事！」並救濟苦難的忿怒相。

菩薩面
和善的臉孔，現出救濟煩惱、苦痛的世人之慈悲相。

菩薩4

千手觀音

↙以無限的力量救濟苦難的人

蹦
十一面觀音更進一步變化成千手觀音
頭部跟十一面觀音一樣，但是有好多隻手。
三十三間堂很有名是吧！
喋喋不休
喋喋不休
每隻手上都有眼睛喔！
眼睛
千手代表無限的意思。
以無限的慈悲救濟許多人，以無限的力量看透各種事物。
因為有這個含意，所以才會產生這個模樣
無∞限！

○千手觀音簡介

意義：擁有千手與千眼（由於手掌上有眼睛，所以也有千隻眼），所以稱為千手千眼觀世音菩薩、千手千眼觀自在菩薩。千表示無限的意思，所以被視為擁有無限的救濟能力與方法的菩薩。

姿勢：與十一面觀音一樣，頭上也有多張臉孔。千手與千眼為其特徵，不過實際看到的通常為四十二隻手的造像。像這種情況，除了中央合掌的雙手之外，左右各有二十隻手。四十隻手各可救濟三界二十五有（把所有世界分為二十五種類），所以四十隻手乘以二十五等於千手。

特徵：旁邊的四十隻手各有不同的持物。持物各有不同意義，呈現不同的功德與利益。

○有千隻手的千手觀音

擁有千隻手的觀音中，知名的有

持物也有意義，表示可以利用各種方法救濟世人。
有一千隻手，一、二、三……
也有千手觀音真的有一千隻手，不過大部分都是四十二隻手。
輕鬆舉起
因為扣除合掌後的其他四十隻手，據說每隻手都可以救助二十五個世界。
40×25，就是一千吧！
喋喋不休
嗶
嗶
嗶
嗶
嗶
1000000
喋喋不休
喋喋不休
1000000!?
看來雖然擅長救濟世人，但是對於計算很不在行。
嘻嘻

葛井寺（大阪府藤井寺市）的千手觀音坐像（脫活乾漆造・奈良時代・國寶）、唐招提寺（奈良市）的千手觀音立像（木心乾漆造・奈良時代・國寶）、壽寶寺（京都府京田邊市）的千手觀音立像（木造・平安時代・重文）。葛井寺的千手觀音合掌的雙手再加上旁邊的手總共有一千零四十一隻手，唐招提寺的千手觀音則有九百五十三隻手。

○千手觀音本身就是聚集千尊菩薩的大集合

千手觀音中，**三十三間堂（京都市）的千尊千手觀音立像（木造・一二四尊為平安時代之作，其餘為鎌倉時代之作・重文）**非常有名。鎌倉時代的佛師・湛慶所製作的**千手觀音坐像（木造・鎌倉時代・國寶）**位於中央，左右排列了多達千尊的千手觀音立像，陣仗之大令人感到驚訝。據說千尊的千手觀音之中，一定會有一尊跟你想見的人長得一樣。

千手觀音的辨識方法

POINT
兩側的四十隻手各拿著代表不同力量的持物。

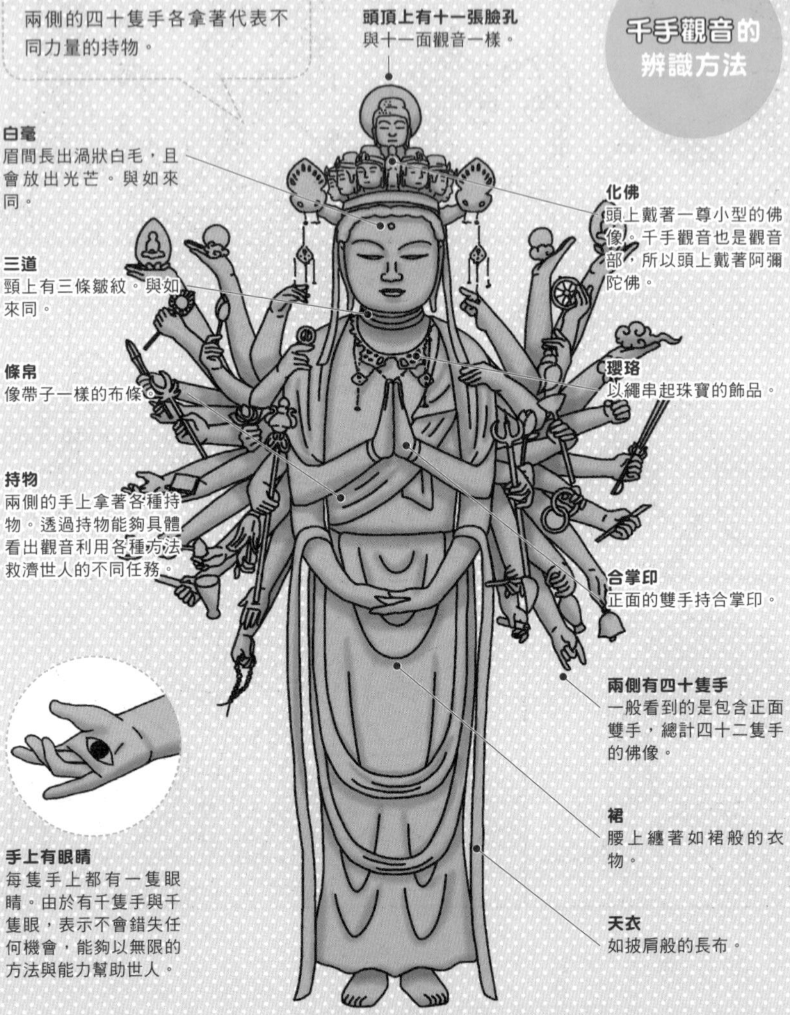
頭頂上有十一張臉孔
與十一面觀音一樣。
白毫
眉間長出渦狀白毛，且會放出光芒。與如來同。
三道
頸上有三條皺紋。與如來同。
條帛
像帶子一樣的布條。
持物
兩側的手上拿著各種持物。透過持物能夠具體看出觀音利用各種方法救濟世人的不同任務。
手上有眼睛
每隻手上都有一隻眼睛。由於有千隻手與千隻眼，表示不會錯失任何機會，能夠以無限的方法與能力幫助世人。
化佛
頭上戴著一尊小型的佛像。千手觀音也是觀音部，所以頭上戴著阿彌陀佛。
瓔珞
以繩串起珠寶的飾品。
合掌印
正面的雙手持合掌印。
兩側有四十隻手
一般看到的是包含正面雙手，總計四十二隻手的佛像。
裙
腰上纏著如裙般的衣物。
天衣
如披肩般的長布。

何謂二十五個世界？

除了在胸前合掌的雙手之外，其餘的四十隻手各都可以救助二十五個世界，所以在日本通常看到的千手觀音都是以身體兩側擁有四十隻手的姿態呈現。此「二十五個世界」指三界二十五有。我們死後輪迴的地方從天上界到地獄總共分為二十五處。順帶一提，二十五有的最上面就是有頂天，日文裡以「有頂天」表示欣喜若狂，出處就是來自這裡。

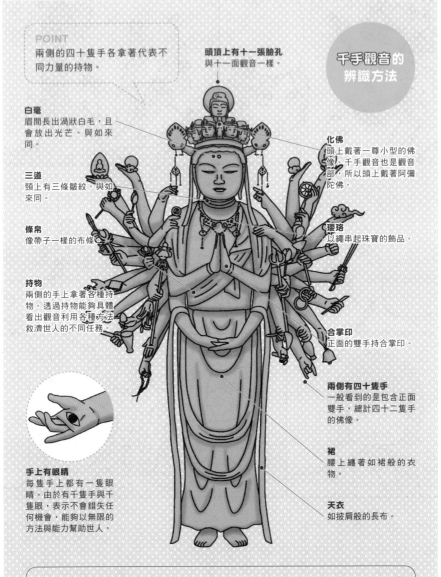

千手觀音的特徵

千手觀音的主要持物列表

千手觀音身體兩側的四十隻手各拿著不同的持物，顯示千手觀音的無限能力。

【左手的主要持物】

❶宮殿
祈願不老長壽。
❷雲或五色雲
祈願不老長壽。
❸鉤或寶
前端彎曲成直角的棒狀武器。可獲得善神、龍王的守護。
❹劍或寶劍
斬斷迷惘。
❺弓或寶弓
祈願成功。
❻水瓶
重生於梵天世界。
❼日輪
祈願光明。
❽輪寶或法輪
擊碎煩惱。
❾貝或寶螺
呼叫天神、善神。
❿骨頭或骷顱杖
隨心所欲地操縱惡鬼。
⓫傍牌或盾牌
顯現龍顏的盾牌，可驅逐惡獸。
⓬化佛
小型的佛像。將來成佛。
⓭拂塵
原本是驅逐蚊蠅的道具，衍生為除去障礙。
⓮羂索
繫繩，從各種不安中拯救出來。
⓯寶鐸
小型鐘，可得清淨音。

【右手的主要持物】

⓰寶珠
或如意珠
食衣住行無匱乏。
⓱獨鈷杵
或金剛杵
兩端有利刃的武器。可打退並消除怨敵。
⓲三鈷杵
兩端形成三叉的法器，可壓制天魔、外道。
⓳經卷或寶經
指佛經。
⓴錫杖
慈愛並守護所有人。
㉑斧
避開來自官吏之災。
㉒蒲桃
葡萄，指獲得樹木果實・草的種子・穀物等。
㉓箭或寶箭
得善友。
㉔數珠
指諸佛前來伸出援手。
㉕法印
祈願得好口才。
㉖楊枝
治癒身體各種疾病。
㉗經箱
獲得冥福。
㉘寶鏡
獲得智慧

也有二十七面的觀音!?

法性寺（京都市）的千手觀音立像〔木造・平安時代・國寶〕（※秘佛，參觀必須事先申請）擁有正面以及左、右的忿怒面・菩薩面等三個本面，所以稱為「三面千手」。頭上的二十五面加上左右兩面，是總共有二十七面的千手觀音。日本貴族藤原忠通罹患難治之症，祈禱後幾天就恢復健康，所以也以厄除觀音而聞名。另外，清水寺・奧之院的御本尊・千手觀音坐像〔木造・平安時代・重文〕（雖是秘佛，不過以前也曾經特別公開展出）也是以三個本面，總計有二十七面的千手觀音而聞名。

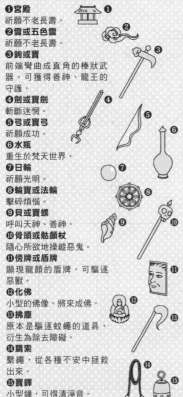

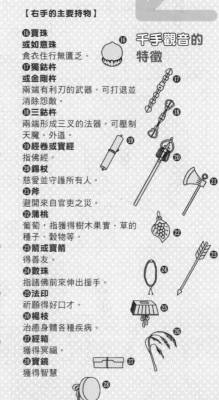

菩薩5

不空羂索觀音

↙ 以堅固的繩索確實救濟世人

這次減肥絕對要成功。
我要參加聯誼了。
No!
ポテチップス
是嗎？
叮
是的！
嚴肅
像這種時候就是不空羂索觀音現身的時候！
喔—又變身了
蹦

○不空羂索觀音簡介

意義：不空＝「沒有空白」，表示絕對不失敗的意思。羂索是可救濟一切的繩子，所以不空羂索觀音就是一定會救濟每個人的菩薩。

姿勢：在日本通常看到「額頭有第三隻眼」、「八隻手」、「手上有羂索（繩子）」的「一面三目八臂」模樣（一張臉・三隻眼・八隻手臂）。第三隻眼稱為「佛眼」，表示不只逃不過佛的眼睛，也無法蒙騙自己的良心。肩上披著鹿皮做成的衣服，所以也稱為鹿皮觀音。

○奈奈良時代後期到平安時代大量製作

從古時候開始，十一面觀音像就陸續出現。據說當國內政局動盪不安時，如果祈福，政局就會變得穩定，所以重視鎮護國家的天平時代（奈良時代）到平安時代，就特別

嗯、
好多隻手
看起來好像千手觀音……
不空羂索觀音的辨識方法
POINT
一般是一面三目八臂（一張臉．三隻眼．八隻手），所以有第三隻眼睛。手持名稱所示的羂索。
第三隻眼
錫杖
象徵佛的智慧。
寶劍
斬斷煩惱。
拂塵
驅除煩惱。
合掌印
蓮花
蓮花出汙泥而不染，象徵不被煩惱汙染般地潔淨。
與願印
披著鹿皮做的衣服也是特徵之一。
羂索
具有從各種苦難中解救的含意。
不空等於「沒有空白」，表示絕對不失敗的意思。羂索是繩子，利用堅韌的繩子確實救濟世人就是不空羂索觀音的任務喔！
很多隻手這點類似，不過辨識的重點是額頭上的第三隻眼。
這是任何事都看得透徹的眼睛喲
嚇
任何事都看得透徹……
抱歉……
我剛剛已經吃了兩袋零食了
呵呵……

盛行製作此觀音佛像。其中**東大寺法華堂**（**奈良市**）的**不空羂索觀音立像**〔**脫活乾漆造．奈良時代．國寶**〕被稱是天平雕刻的傑作。**廣隆寺**（**京都市**）**的不空羂索觀音立像**〔**木造．奈良時代末期到平安時代初期．國寶**〕也是擁有天平雕刻特有溫潤感而聞名的美麗菩薩像。

另一方面，坐像以**興福寺南圓堂**（**奈良市**）**的不空羂索觀音坐像**〔**木造．鎌倉時代．國寶**〕知名，是運慶的父親康慶的作品，據說康慶的目標是復原天平時代的塑像，所以雖然是木造的，但也呈現了塑像的獨特質感。

○數量不多的理由

雖然此菩薩像自古以來就有製作，不過與其他菩薩相比數量仍少，有一說是因為不空羂索觀音是藤原氏的守護神，所以一般民眾比較不熟悉的緣故。

菩薩6

如意輪觀音

帶來財富與幸福

沖水聲
W.C
虛弱不堪……
因為去吃到飽餐廳用餐而暴飲暴食了—
唉—真討厭
觀音大人，拜託消除我的煩惱—
蹦
變身！
哇—身體好柔軟—
您是？
我的名字是如意輪觀音。
法輪
如意寶珠
我會利用法輪粉碎帶來痛苦的煩惱，以如意寶珠實現各種願望，帶來財富與幸福！

○如意輪觀音簡介

意義：「如意」指如意寶珠，表示所願皆成。「輪」指「法輪」（轉法輪），可粉碎煩惱。同時持有如意寶珠與法輪的如意輪觀音可消除世人的各種迷惘，幫助世人實現願望。

姿勢：寶冠是觀音的標誌，其中有阿彌陀佛的化佛。手上拿著名稱由來的如意寶珠與法輪。坐法採立右膝，兩腳掌貼合的輪王座，這種獨特又放鬆的姿勢是如意輪觀音才有的特有坐法。

手的數量從兩隻手到十二隻手都有，在日本較多的是六隻手。奈良時代也有製作雙手的半跏像，不過平安時代以後則以六隻手的六臂像為主流。

○日本三大如意輪觀音

觀心寺（大阪府河內長野市）的

帶來財富與幸福，這種雙重力量的效果太驚人了！
其他四隻手呢？
當然，每隻手上拿的東西都有不同的含意。
如意輪觀音的辨識方法
POINT
大部分的菩薩像是六隻手。採立右膝的獨特姿勢。
思惟手
屈膝，右手輕觸臉頰。思考如何救濟世人。
輪王座
立右膝，兩腳掌貼合，這是只有如意輪觀音才有的坐姿。
法輪
表示擊碎煩惱，傳遞無上的佛法。
蓮花
表示清除不好的事物。
如意寶珠
表示實現願望。
念珠
表示消除煩惱。
左上方的第一隻手放在身後的金山（光明山），表示世界不動的含意。
如意寶珠就跟孫悟空拿的如意棒一樣，會做出你所想要的動作。
所以妳的各種願望都會實現喔！
跟孫悟空一樣！
我想要有更多的自信！
要求消除煩惱也就算了，還越講越多……

如意輪觀音坐像（木造・平安時代・國寶）、神呪寺（兵庫縣西宮市）的如意輪觀音坐像（木造・平安時代・重文）、寶生寺（奈良縣宇陀市）的如意輪觀音坐像（木造・平安時代・重文）等，是日本知名的三大如意輪觀音。

○密教美術的傑作

觀心寺的如意輪觀音坐像不僅被譽為如意輪觀音六臂像的代表作品，也被評價為平安時代的密教美術傑作。

○空海以美麗女性為模特兒製作的？

相對於一般如意輪觀音立右膝的姿勢，神呪寺的如意輪觀音坐像則是右腳斜斜地靠在左腳上，這是非常罕見的姿勢。據傳此佛像是空海以開山祖師・如意尼為原型所雕刻而成。

菩薩⑦

馬頭觀音

↙ 如貪婪吃草的馬一樣吃光所有煩惱

噹啷
觀音菩薩的裝扮真是豪華！
哇～
如果裝扮豪華的話，我也會受歡迎吧！
喋喋不休
我什麼都想要—想要戴很多項鍊跟耳環—
妳這麼貪心的話
那就變身成這個觀音囉—
隆
隆
隆
隆
蹦
轉身
憤怒
好可怕!!
為什麼變成生氣的臉呢？變化觀音的表情不都是很祥和的嗎？

○馬頭觀音簡介

意義：斬斷煩惱，粉碎惡事。

姿勢：頭上頂著馬頭。豎直拇指、中指、小指並彎曲食指和無名指，雙手在胸前合掌，這種特殊的馬口印為馬頭觀音的特徵。另外，如獅子鬃毛般的頭髮、佛面上的第三隻眼以及呈現猙急的忿怒相為共同的樣貌。型態各異，不過以三張臉、八隻手臂的八臂像造型較多。

特徵：六觀音之一。觀音菩薩變化成各種化身當中，呈現忿怒表情的只有馬頭觀音。

○家畜的守護神

平安時代後期開始有馬頭觀音的佛像製作，不過也因為「馬」的形象的關係，近世以後在日本成為家畜的守護神而廣受民眾信仰。也因為這樣的緣由，日本賽馬場經常供奉馬頭觀音。

溫和的神情對付不了深刻的煩惱，
因此想得到的就只有馬頭觀音了
馬頭觀音的辨識方法
POINT
頭頂上的馬頭是明顯的標記。
馬頭
頭上有一個馬頭。
寶棒（金剛棒）
擊碎煩惱。
焰髮
頭髮就像火焰一樣被風吹起而越發猛烈。菩薩像中只有馬頭觀音擁有明王像常見到的髮型。
第三隻眼
額頭正中央有第三隻眼，與不空羂索觀音一樣。
斧頭
斬斷煩惱。
忿怒相
馬口印
雙手豎直拇指、中指與小指並彎曲食指和無名指，同時合掌於胸前的獨特印相。
數珠
表示斬斷煩惱的智慧。
就像是大口吃草的馬一樣，吃掉所有煩惱。
看到觀音生氣了，我覺得我真是欲望太多了
反省
反省之後，肚子就餓了
咕嚕
咕嚕
小佛妳的煩惱還真重呢……

○代表日本馬頭觀音的巨大佛像

觀世音寺（福岡縣太宰府市）的**馬頭觀音立像（木造．平安時代．重文）**，其三面八臂的姿態被視為日本馬頭觀音像的代表性作品。佛像是超過五公尺的大型作品，不過觀世音寺另外也有高約五公尺的**不空羂索觀音立像（木造．奈良時代製作的復原．重文）**、高約五公尺的**十一面觀音立像（木造．平安時代．重文）**，視覺上的衝擊力驚人。

○聚集六觀音的千本釋迦堂裡的馬頭觀音像

千本釋迦堂（大報恩寺）（京都市）裡有六觀音齊聚的**六觀音菩薩像（木造．鎌倉時代．重文）**，在此可看到馬頭觀音。

菩薩⑧

准胝觀音

被尊為佛陀母親的觀音菩薩

那個，媽媽—
喀嚓
波扣
啊，又叫錯了
准胝觀音真的像媽媽一樣呢—
無憂無慮—
擦擦
擦擦
就算是在觀音團隊中，准胝觀音也是很罕見的女性神尊
可說是諸佛的母親吧？
呵呵
沒錯喲—
為了救濟世人，所以過去生產很多佛。

○准胝觀音簡介

意義：為了救濟世人而生出無數佛的女性神尊。也稱「准胝佛母」、「七俱胝佛母」。准胝是無限清淨的意思，七俱胝意指七千萬，合起來說就是指過去無量諸佛之母（佛母）的意思。

姿勢：在日本多是一張臉、三隻眼、十八隻手的一面三目十八臂型態。充滿女性風格，相貌豐滿呈現溫柔印象。

特徵：因為是佛母，所以被視為具有授子功德，另外也有延命、安產功德。在真言宗體系中為六觀音之一，在天台宗體系則是以不空羂索觀音代之。也有兩者都加入而成為七觀音的情況。

○身上綁緞帶的時尚准胝觀音

准胝觀音的佛像作品不多，千本

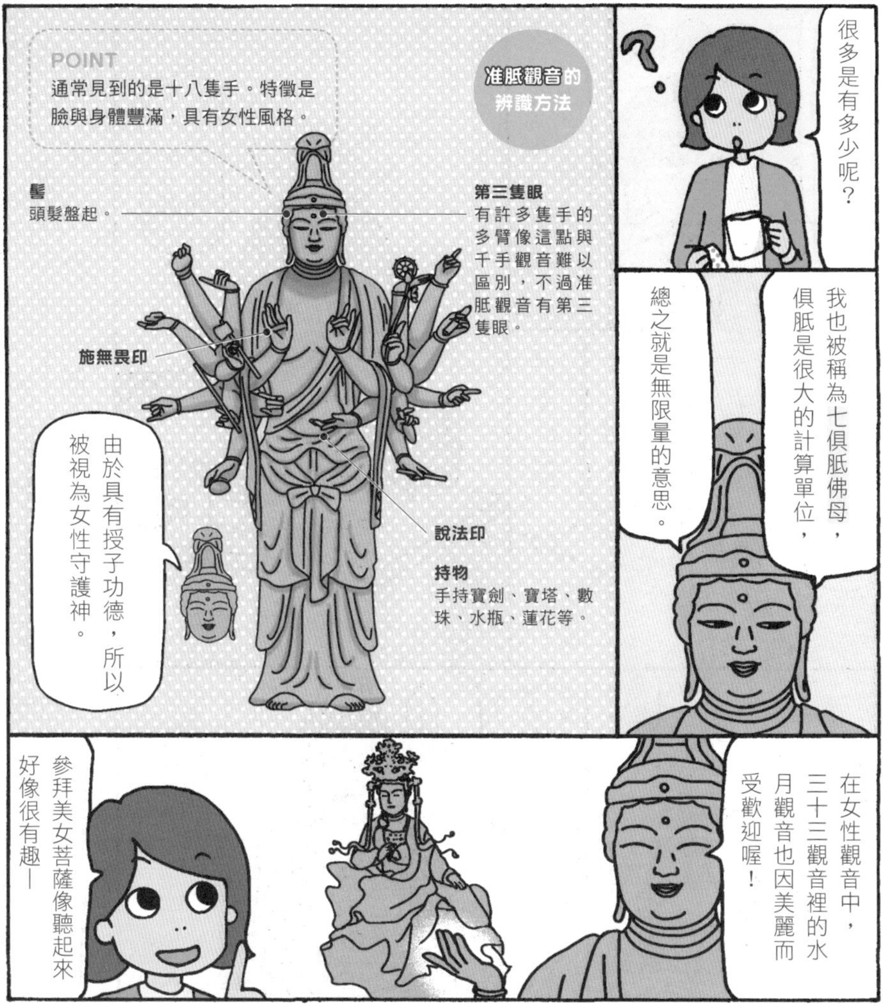
很多是有多少呢？
我也被稱為七俱胝佛母，俱胝是很大的計算單位，
總之就是無限量的意思。
准胝觀音的辨識方法
POINT
通常見到的是十八隻手。特徵是臉與身體豐滿，具有女性風格。
髻
頭髮盤起。
第三隻眼
有許多隻手的多臂像這點與千手觀音難以區別，不過准胝觀音有第三隻眼。
施無畏印
說法印
持物
手持寶劍、寶塔、數珠、水瓶、蓮花等。
由於具有授子功德，所以被視為女性守護神。
在女性觀音中，三十三觀音裡的水月觀音也因美麗而受歡迎喔！
參拜美女菩薩像聽起來好像很有趣—

釋迦堂（大報恩寺）（**京都市**）裡**六觀音像**（**木造・鎌倉時代・重文**）齊聚一堂，在此可以看到准胝觀音。神像身上繫著絲帶的打扮非常時髦，是散發優美氛圍的佛像。

○其他的「美女系」觀音

觀音菩薩像中據說也有以真實人物為模特兒的佛像。**泉涌寺**（**京都市**）的**觀音菩薩坐像**（**木造・宋**（**中國**）**時代・重文**）據傳是唐玄宗為了思念楊貴妃而製作的佛像，所以有了民眾熟知的「楊貴妃觀音」稱號。長久以來，一直都是一百年只開龕一次的秘佛，不過現在已經開放參觀。佛像展現出異國風情的美女型態，在祈求美貌或良緣的女性中非常受歡迎。

註：「准胝」為梵語音譯，又譯「準提」。

菩薩⑨

文殊菩薩

象徵「智慧」的菩薩

接下來是關於文殊菩薩呀！
佛像
「三人齊聚就有文殊的智慧」，這是與文殊菩薩有關的諺語。
……大概只知道這些
問本人最快啦！
文殊菩薩！
漸漸地就像是英雄般的存在了。
來了，我是智慧的象徵，文殊菩薩。
蹦
為什麼是智慧的象徵呢？
?

○文殊菩薩簡介

意義：接引世人前往以智慧開悟的世界，是象徵智慧的菩薩。

姿勢：一般看到的樣貌是右手持象徵智慧的劍，左手拿經卷，騎在獅背上。騎獅子的佛像是平安時代以後才出現，在此之前的文殊菩薩像經常是結跏趺坐的坐像。

特徵：與普賢菩薩共同擔任釋迦如來的脇侍，不過單獨供奉的文殊菩薩也廣受世人信仰。

○騎獅子的騎獅文殊像

右手拿象徵智慧的劍，左手拿經卷，騎在獅背上的佛像稱為騎獅文殊像。

○呈現渡海的畫面

阿倍文殊院（**奈良縣櫻井市**）的**騎獅文殊像**（**木造・鎌倉時代・國寶**）是出自佛師・快慶之手。以渡

我天生就是這樣
能夠與聰明無人能敵的維摩居士對等問答的，就只有文殊菩薩。連經典（《維摩經》）上都有記載文殊菩薩的智慧喔！
總之，就是擁有傑出無比的智慧。
唔，好像不能小看她。
妳說的沒錯
還有，為了顯示傑出的智慧，所以以持劍、騎獅來呈現。
敏捷地
將
哇，獅子！
喔，可能對我有好感了吧！
也有文殊菩薩領導的團隊，讓我為妳介紹吧！
請看次頁！

海文殊的形式呈現四尊脇侍（善財童子、優填王、維摩居士、須菩提※別名：佛陀波利三藏）伴隨文殊菩薩渡海的畫面。

○問答中的文殊菩薩

也有呈現與維摩居士（深究佛教教義的人）對答畫面的文殊像，與**福寺東金堂（奈良市）的文殊菩薩坐像（木造・鎌倉時代・國寶）**即為有名的佛像。**維摩居士坐像（木造・鎌倉時代・國寶）**是佛師・定慶之作，年老的維摩居士與年輕的文殊菩薩，寫實神情的對比非常有趣。

○修行僧的模範，聖僧文殊

安置在密教體系的寺院食堂中，作為修行僧眾學習模範的老僧樣貌。**東寺（京都市）的聖僧文殊菩薩坐像（木造・平安時代・重文）**非常有名。

文殊菩薩的辨識方法

POINT
手上拿著象徵智慧的劍與經卷，騎在獅背上。

髻
束髮。

白毫
眉間長出渦狀白毛，且會放出光芒。與如來同。

年輕理性的表情。

劍
代表智慧的持物。梵語中的智慧具有「斬斷」的意思，所以智慧才會跟劍產生連結。

經卷
象徵智慧的持物。有的放在蓮花上，也有的放在頭上。

結跏趺坐
在蓮花座上呈結跏趺坐。

劍不僅堅固銳利，
也象徵智慧呢！

獅子
據說被稱為「百獸之王」的獅子以其強大的力量守護文殊菩薩。也有一說是呈現文殊菩薩的卓越智慧。

文殊菩薩的髮髻數量有其意義？

文殊菩薩的髮髻數量各有不同含意，一髻＝增加利益，五髻＝敬愛，六髻＝降伏，八髻＝消災。其中最廣為人知的是五髻的文殊菩薩。

呈現前往聖地模樣的渡海文殊

以文殊菩薩為首，伴隨著善財童子、手持馴獅轡繩的優填王、佛陀波利三藏僧、最勝老人等人，戲劇性地呈現一行人乘雲前往中國五台山（五台山為文殊菩薩的道場）的畫面，其中的文殊菩薩即為渡海文殊。

何謂
渡海文殊？

領導人
騎士文殊
最勝老人
佛陀波利三藏
手持馴獅轡繩的
優填王
〔渡海文殊團隊〕
的成員
擔任前導任務
善財童子

可愛姿態且有眾多粉絲的善財童子

雙手合掌回頭看文殊菩薩的善財童子，其可愛的模樣吸引眾多粉絲。
至於善財童子的來歷為何呢？根據《華嚴經》的記載，善財童子受到文殊菩薩的指引，步行拜訪五十三位指導者以累積修行，最後遇到普賢菩薩而達成目的。
順帶一提，據說因著這「53」的數字，所以日本江戶時代從江戶（現東京）到京都的驛道上便出現所謂「東海道五十三次」的五十三個休息驛站。

菩薩⑩

普賢菩薩

實踐佛陀慈悲的菩薩

這位是跟我一起擔任釋迦牟尼佛大人的脇侍，普賢菩薩—
點頭致意
相對於文殊是「智慧」的菩薩……
普賢掌管「執行」！
發光
文殊擁有智慧
普賢執行教義
聰明的同伴合作無間呢！
普賢的名稱是從「普遍的賢者」而來。
賢

○普賢菩薩簡介

普賢意指「普遍的賢者」（普遍指「普及各處」），表示出現在各個世界中，以佛的慈悲與理智救濟世人的賢者。普賢菩薩據說也是可延長壽命的菩薩，在密教裡，普賢菩薩具有掌管菩提心的尊格。

姿勢：一般看到的是乘坐在有六牙的白象上，合掌，多半被製作成如女性般優美的姿態。變化版則是頭戴五佛之冠，左手持著上有立劍的蓮莖，右手持如意或經卷。

特徵：與文殊菩薩一起擔任釋迦如來的脇侍，文殊菩薩掌管「智慧」，普賢菩薩掌管「執行」。

○多受女性信仰的理由

初期的佛教時代，女性難以成佛。《法華經》描寫普賢菩薩是讓女性成佛的神明，所以受到女性虔

原來如此
普指「普及到各處」的意思吧！
是以慈悲與理智救濟世人的賢者喲！
普賢菩薩的辨識方法
POINT
乘坐在有六支象牙的白象上，為普賢菩薩的標誌。
合掌印
在密教裡也會手持寶劍或蓮花等。
象牙
六支象牙表示「眼・耳・鼻・舌・身・意」，指人類的身心。
大象
確實踏穩腳步前進的大象象徵著「實踐力」。
結跏趺坐
蓮花座
蓮花造型的台座。
白色
代表清淨。
據說有六支牙的白象會保護修行者不受惡魔攻擊喔！
騎乘的動物也是有意義的呢！

誠的信仰。

○普賢延命菩薩像

普賢菩薩具有延命的功德，向普賢菩薩祈求延命的方法就稱為普賢延命，這時以本尊受到供奉的佛像就稱為普賢延命菩薩像。大部分的菩薩像有二十隻手，乘坐四頭白象。大山寺（大分市）的**普賢延命菩薩坐像（木造・平安時代・重文）**為知名菩薩像。

○可參觀知名的普賢菩薩像作品的地方

大倉集古館（東京都港區）可以看到國寶級的普賢菩薩像。而知名的**普賢菩薩騎象像（木造・平安時代・國寶）**看起來非常典雅，吸引參觀的信眾。

菩薩⑪

地藏菩薩

為了救濟所有人而留在世間

寂靜無聲
咦，是地藏大人？
喀擦
我也是菩薩部的喲！
什麼？是這樣嗎？
我的正式名稱是地藏菩薩。
佛陀涅槃到56億7千萬年後彌勒菩薩成佛之間，這世上就呈現無佛的狀態吧！
寂—靜…
無佛狀態
嗯嗯
無佛狀態，而且世人為煩惱所苦，
所以我留在這世上主動承擔救濟世人的任務！
鏘
啷

○地藏菩薩簡介

意義：賜予大地恩惠的佛。出現於佛陀涅槃（逝世）後的無佛時代，救濟在六道輪迴中受苦的世人。

姿勢：光頭、身穿袈裟的僧人模樣。原本的佛像多見手持象徵地藏菩薩任務的「寶珠」，不過中世以後，則變成遊走四方救濟世人而手持錫杖的地藏像。

特徵：淨土信仰普及的平安時代以後，「無法往生極樂世界的人會落入地獄」的想法普遍流傳，因此信仰地藏菩薩的風氣也逐漸盛行。有時候作為阿彌陀佛的脇侍而被供奉，不過由於上述的背景，所以在日本多半是單獨供奉。

○地藏菩薩多帥哥!?

說到穿著袈裟的僧人，或許有人腦中會浮現老僧的模樣。不過地藏

我決定地獄不空誓不成佛。
哇！
地藏菩薩的辨識方法
POINT
由於是留在這世上的菩薩，所以穿著僧侶的袈裟。
白毫
眉間長出渦狀白毛，且會放出光芒。
剃髮
呈現僧侶樣貌。
年輕而非老人的面容。
錫杖
走路時，手上的錫杖會發出聲音，藉此擊退惡魔。如果未持錫杖就是手結與願印。
寶珠
能夠實現各種願望的寶玉。代表地藏菩薩的作用。
穿著袈裟的僧侶樣貌。
沒想到年輕貌美－
不過路上經常看到地藏菩薩的佛像？
因為地獄不空誓不成佛，所以非常受到歡迎呢！
與民間信仰結合，在村莊邊界經常可見喔！
現在對地藏菩薩的觀感完全改變－

菩薩鮮少看到老人的樣貌。例如被安置於**東大寺公慶堂**（奈良市）的**地藏菩薩立像**〔**木造・鎌倉時代・重文**〕，其細長眼睛充滿令人印象深刻的知性美，是帥哥的臉龐。據傳是鎌倉時代知名佛師・快慶之作，衣服上美麗的流暢線條看得出是快慶獨有的手法。

○據傳為巨匠佛師之作 地藏菩薩像的比賽

六波羅蜜寺（京都市）裡有據傳是定朝作品的**地藏菩薩立像**〔**木造・平安時代・重文**〕，與據傳是運慶作品的**地藏菩薩坐像**〔**木造・平安時代・重文**〕。地藏菩薩立像的左手拿著頭髮的姿勢極為罕見，也稱為「鬘掛地藏」。另一方面，地藏菩薩坐像眉清目秀，袈裟的皺褶線條優美，別名「夢見地藏」。在此可比較兩尊不同風格的地藏菩薩像。

菩薩⑫

虛空藏菩薩

可賜給你記憶力的菩薩

考試考得一蹋糊塗—
軟弱無力
唉—
想記都記不住
奈良時代，據傳有個儀式是只要唱誦虛空藏菩薩就會增強記憶力。
是嗎
好想增強記憶力啊—應該不會有佛像聽到我的願望吧……
不過，其實有喔—
那就是我，虛空藏菩薩
咚
據說創立真言宗的空海大師也以這儀式而經歷過神祕體驗。
神秘體驗，那是什麼樣的體驗呢？

○虛空藏菩薩簡介

意義：以有如虛空（廣大無邊）般的智慧與慈悲實現世人願望的菩薩。

姿勢：右手持劍，左手拿寶珠，頭上戴五佛寶冠。寶珠象徵願望實現以及虛空藏菩薩的力量。

特徵：以大日如來為中心的五大虛空藏菩薩。

○虛空藏求聞持法

利用念誦虛空藏菩薩可提高記憶力的修法，只要五十到一百天之間不斷唱誦虛空藏菩薩神咒，唱誦百萬遍培養集中力，就會獲得記住所有經文的記憶力。據傳年輕的空海因求聞持法而經歷了神祕的體驗。如果是求聞持法的本尊，則佛像右手會結與願印，左手持寶珠。

虛空藏菩薩的辨識方法
POINT
標誌是頭上戴的五佛寶冠。
代表五佛的寶冠
頭戴五佛（本尊化身的小佛）寶冠。
寶珠
可實現各種願望的寶玉。代表虛空藏菩薩的力量。
劍
斬斷煩惱。
結跏趺坐
虛空指有如宇宙般的無限寬廣，
以如此無限的智慧與慈悲實現世人願望的意思。
五尊佛像一組的五大虛空藏菩薩像之坐騎各有不同且華麗喲。
我好想看！來試試我的記憶力吧！
那個，五大虛空藏菩薩、五大虛空藏菩薩……我記不住呀！
記憶力太差～
…

○何謂五大虛空藏菩薩？

以金剛界五智如來（大日・阿閦・寶生・阿彌陀・不空成就）變化的樣貌呈現虛空藏菩薩的功德。五尊虛空藏菩薩像＝五大虛空藏菩薩像。**神護寺（京都市）的五大虛空藏菩薩坐像（木造・平安時代・國寶）**，或是東寺的子院・**觀智院（京都市）的五大虛空藏菩薩坐像（木造・唐（中國）時代・重文）**都非常有名。觀智院的五大虛空藏分別坐在獅子、象、馬、孔雀、迦樓羅巨鳥等鳥獸背上的蓮花座。

○半跏像的虛空藏菩薩

也有虛空藏菩薩像是坐在蓮花座上，腳往下踩的半跏像。知名的有**額安寺（奈良縣大和郡山市）的虛空藏菩薩半跏像（木心乾漆造・奈良時代・重文）**、**金勝寺（滋賀縣栗東市）的虛空藏菩薩半跏像（木造・平安時代・重文）**。

菩薩⑬

勢至菩薩

以智慧之光支援阿彌陀佛

最近打完工之後，很喜歡稍微繞一下遠路，沿著河邊散步回家。
咦
哎呀，小佛
是阿彌陀佛與觀音菩薩！
嗯，阿彌陀佛右邊的是？
跟觀音菩薩一模一樣！
是雙胞胎？
我是勢至菩薩
在〈阿彌陀如來〉單元出現一下子，所以不是初見面囉！

○勢至菩薩簡介

意義：梵語的意思是「獲得偉大威力者」，也稱大勢至菩薩、得大勢至菩薩。是掌管智慧之光，以此光照亮、解救眾生的菩薩。

姿勢：與觀音菩薩一起擔任阿彌陀三尊像的脇侍。若是這種情況，勢至菩薩與觀音菩薩的樣貌類似，兩者難以分辨。不過一般來說，左脇侍的觀音菩薩頭戴阿彌陀佛的化佛寶冠，而右脇侍的勢至菩薩則頭戴水瓶寶冠。可從這個部分區分觀音菩薩與勢至菩薩。

特徵：幾乎沒有單獨供奉的佛像，多見於阿彌陀三尊像的右脇侍。另外，勢至菩薩是生肖屬馬者的守護神。

○從極樂淨土乘雲而來的阿彌陀三尊像現身!?

阿彌陀佛與兩脇侍的觀音菩薩、

大家都說我們很像，不過我們的差別在這裡！
我的寶冠上是阿彌陀佛的化佛……
觀音菩薩
我的寶冠上是水瓶。
原來如此
勢至菩薩
勢至菩薩的辨識方法
POINT
寶冠上的水瓶是辨識重點。
束髮
白毫
寶冠
水瓶裡裝了可實現願望的功德水。
三道
頸上有三條皺紋。
耳朵有戴耳環的痕跡
合掌印
主要是出現在擔任脇侍的三尊像中。
擔任阿彌陀三尊像的右脇侍—
智
慧
觀音菩薩以慈悲救濟世人，勢至菩薩則是以智慧之光救濟世人喔！
啊，阿彌陀三尊像！
終於發現了

勢至菩薩都被日本政府指定為國寶的**淨土寺（兵庫縣小野市）阿彌陀三尊像（木造・鎌倉時代・國寶）**是佛師・快慶的傑作之一。好天氣的傍晚時分，以照進屋內的陽光為背景，看起來就像阿彌陀三尊從極樂淨土乘雲而來的樣子。

○罕見前跪姿勢的勢至菩薩

三千院（京都市）的阿彌陀三尊像（木造・平安時代・國寶）中，觀音菩薩、勢至菩薩等兩脇侍的位置稍前，而且呈現跪坐姿勢。這是「大和座」的罕見坐姿，顯現出兩菩薩可立即站立支援阿彌陀如來的用心。

COLUMN 3

佛像髮型指南

燙髮的髮型是如來，束髮的是菩薩，頭髮往上豎立的是明王等等，也可以從髮型來分辨。

總髮

【特徵】把頭髮往左耳上方集中的髮型。頭上有開蓮或莎髻。垂下來的頭髮會編成髮辮。若是不動明王，也有捲髮的髮型。

【擁有此髮型的主要代表】不動明王特有的髮型。

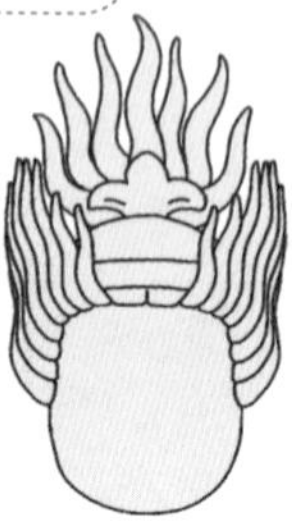

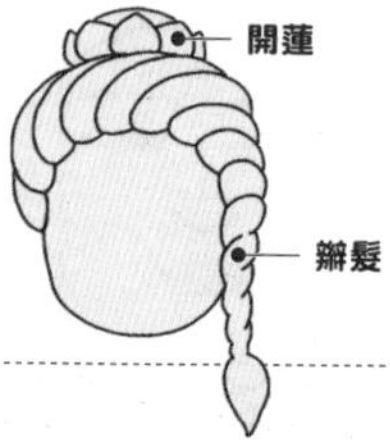

焰髮

【特徵】被風吹起如火焰般的髮型，也稱為怒髮。

【擁有此髮型的主要代表】明王們（不動明王與孔雀明王除外）以及馬頭觀音、十二神將、藏王權現等。

螺髮

【特徵】右旋的捲毛並列（※也有例外，鎌倉大佛是左旋）。頭頂隆起並非髮型的一部分，而是頭部隆起形成的肉髻。

【擁有此髮型的主要代表】如來共通的髮型，大日如來與清涼寺式釋迦如來除外。

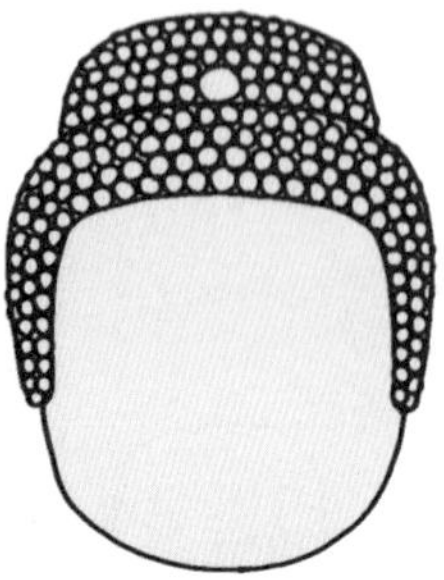

垂髻

【特徵】頭髮綁成一束，這束髮上面的部分再綁起來，然後分成數條頭髮垂下來。有各種樣式的束髮與垂髮。

【擁有此髮型的主要代表】除了菩薩以外，阿修羅等天部也看得到。

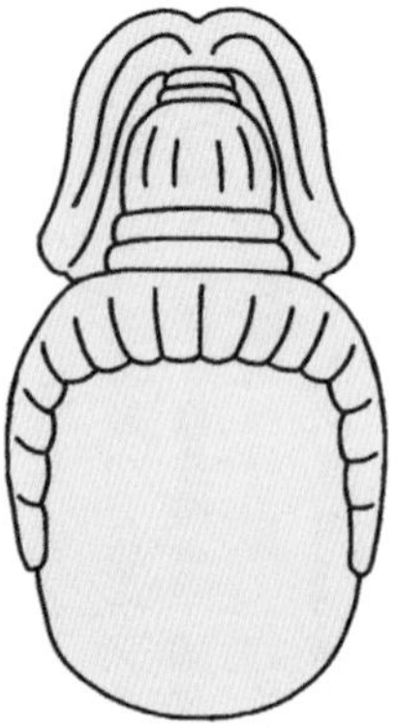

五山髻

【特徵】頭髮綁成一束梳成單髻的變化形。也有分成好幾束頭髮梳成三山髻、五山髻、七山髻等。插圖是分成五束髮的五髻。

【擁有此髮型的主要代表】除了菩薩以外，四天王也看得到。

雙髻

【特徵】頭髮分成左右兩束並梳成髮髻。

【擁有此髮型的主要代表】菩薩群組中，古代的觀音像經常可見。有名的是中宮寺（奈良縣斑鳩町）的彌勒菩薩半跏像。

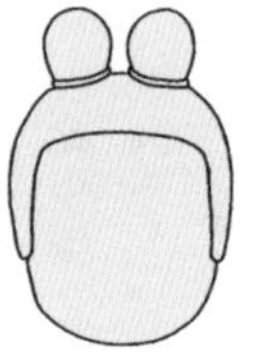

寶髻

頭髮綁出各種造型。綁髮的方式有許多種。主要是菩薩的髮型，不過大日如來、天部或明王群組也都看得到。

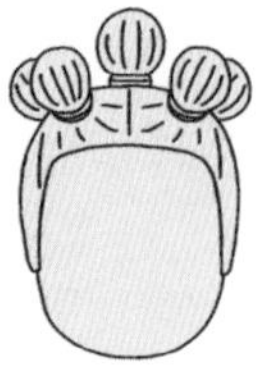

五髻

【特徵】頭髮分成五束並綁成五個髮髻。也有分成六束綁成六髻或分成八束綁成八髻等。

【擁有此髮型的主要代表】文殊菩薩經常可見此髮型。

第三章 明王

特徵問本人（本明王？）最清楚吧……可是總覺得
好可怕呀！
吞口水
咚！
啊！！！
最開始由我來說明。因為如果說到密教的根本佛，那就是我
速速推開
大日如來大人！

何謂明王？

明王是大日如來的化身

○明王簡介

意義：從密教產生的佛，是大日如來的化身之一。明王的「明」意指密教傳授智慧與真實的咒文（真言）。目的是教化不聽佛說法的人。

姿勢：怒髮衝冠的焰髮、呈現狷急的忿怒相，這是孔雀明王以外的明王之共同特徵。經常可見手持火焰形狀的火焰光造像。另外，許多明王是多面多臂像，有多張臉與多隻手，樣態與人類迥異。如此忿怒樣貌的背後其實是來自於「想救濟世人」的慈悲心，所以在可怕的相貌中也散發出慈悲的氛圍。

特徵：弘法大師空海從唐（中國）回國時（八〇六年．平安時代初期）把密教傳入日本，明王信仰便隨著密教的傳播而普及。

如來與菩薩們如果表現得太溫柔，就會有人不聽教導。
微笑
微笑
好喜歡！
為了救助那樣的人，就只有對他們生氣了，所以我就
製造出帶有忿怒表情的分身。
喝
這就是明王的由來。
站直
怒視
怒目
注視
持劍威嚇
閃亮
點燃火焰
轟
這些都是為了救濟世人
咚
為了對方好才責罵的，其實內心是溫柔的呢！
滿意的微笑

○明王的怒顏中別有特色的天地眼

明王的各種忿怒表情（忿怒相）中，最具特色的就是不動明王的天地眼。所謂天地眼就是右眼看天，左眼看地的模樣。

○代表大日如來力量的五大明王

明王中也有組合五種明王的五大明王。由於明王是大日如來的化身，所以把各自擁有不同功能的五種明王分配在東、西、南、北、中等位置，意指大日如來的力量遍及全宇宙。

與空海大師有因緣的**東寺講堂（京都市）五大明王像（木造・平安時代・國寶）**很有名，與如來部、菩薩部組成二十一尊的立體曼荼羅，中央就放置明王群組（五大明王）。這裡的五大明王像是五大明王像中唯一被列為日本國寶的造像。

明王的辨識方法

POINT

現出佛像中最可怕的樣貌。明顯的特徵是忿怒相與呈現火焰的光背。

火焰光

光背呈現熊熊燃燒的火焰，稱為火焰光，意味著燒盡所有煩惱。

臉孔與手的數量

不動明王有一張臉，雙手。不過明王群組中，擁有數張臉、多隻手的多面多臂像也不少。

忿怒相

忿怒的表情稱為忿怒相，是明王的共通點（孔雀明王除外）。

總髮

平安時代中期前的不動明王髮型就是如插畫中的總髮。垂下來的髮辮稱為辮髮。

條帛

常見上半身赤裸，肩上掛著條帛的佛像。配戴飾品這點則與菩薩像一樣。

持物

手持各種武器。也有佛像身上纏繞著蛇。

裙

許多佛像的下半身纏著如裙般的衣物。

聽過說明後，或許就不會覺得可怕了。從表情也看得出內心隱藏的溫柔呢！

瑟瑟座

代表岩石的台座。具有堅持不動的守護者之含意的不動明王經常採取具有相同象徵意義的坐姿。

何謂焰髮？

因忿怒而導致頭髮豎立的髮型，也稱為怒髮。順帶一提，平安時代中期以後的不動明王是捲髮，孔雀明王則頭戴寶冠等，明王的髮型也有各種不同變化。

五大明王是五智如來的化身

在所有的明王中，組合五尊位居中心的明王像，就稱為「五大明王像」。弘法大師空海把密教傳到日本時，也把明王帶到日本，此後就受到信徒虔誠的信仰。為了教化不遵從教義而恣意妄為的人，五智如來便以忿怒相化身為五大明王。

五大明王的特徵

【西】大威德明王

【北】金剛夜叉明王
※天台宗體系的寺院安置烏樞沙摩明王。

【中心】不動明王

【南】軍荼利明王

【東】降三世明王

五大明王配置

※從上往下俯瞰的配置圖

中央為不動明王，東是降三世明王，南為軍荼利明王，西為大威德明王，北為金剛夜叉明王。以上是基本的配置。也有排成橫列的情況。

五智如來的由來？

概略地說，密教把宇宙分為從「智慧」來看的世界，稱金剛界；從「理智」來看的世界，稱胎藏界。金剛界的配置如下，大日如來位於中心，東為阿閦如來，南為寶生如來，西有阿彌陀如來，北是不空成就如來，總稱為五智如來。

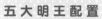

明王❶

不動明王

如如不動守護者，明王中的最高位階

盯住
不動
噗通
噗通
如果搭訕，問對方名字的由來應該是最安全的吧！
提心吊膽
請問，
您是因為靜止不動，所以有了不動的稱號嗎？
嗆
在世人得到救助之前，我都會待在這裡保持「不動的姿勢」。
嗆
不動明王
是明王的代表選手，所以就是隊長……
「不動明王」很有名，所以是明星選手呢！
明星
還不賴呢！
嗤
笑

○不動明王簡介

意義：據說不動明王的根源是印度教最高階的濕婆神。梵語稱為Acala或Acalanātha，是靜止不動的意思，所以翻譯為「不動」。不動明王是明王中最具有威力者，任務是燒盡一切之惡，引導、救濟不遵從佛道的人。

姿勢：密教的明王通常呈現多面多臂的怪異模樣，不過不動明王則多為一面二臂，右手持劍，左手拿羂索（繩子），背負著熊熊燃燒的火焰光。

特徵：隨著密教的流傳，「不動信仰」也跟著普及。由於這樣的背景，許多明王也罕見地單獨受到供奉。若是單獨供奉的情況，身邊會有矜羯羅童子、制吒迦童子擔任脇侍，或有八大童子跟隨。

看來像是高興，但也很恐怖！
發抖
請問，您的眼睛是不動明王的特徵吧
天
地
因為看著天、地等兩個方向，所以稱為天地眼。
反正就是毫無遺漏地看到世界上所有事物的意思。
不過，不是所有不動明王都是這樣的眼睛。像古代的不動明王就是兩眼睜開的樣子喔！
睜大雙眼
古代的不動明王
沒想到還蠻好聊的
放心
因為是以救人為目的，所以內心還是很溫柔的—
也有不動三尊像的形像呢……
喋喋
不休
真的很愛講話？
麻煩請移駕次頁…

○不同時代有不同的姿勢

平安時代中期以前，綁髮辮、睜大雙眼、嘴唇兩端露出牙齒的不動明王像為主流。**東寺講堂（京都市）的不動明王坐像（五大明王像之一）（木造・平安時代・國寶）**很有名。

平安時代後期之後，開始出現頭上有許多小捲毛的捲髮，右眼看天、左眼看地的天地眼，右牙向上、左牙向下的牙上下出等左右不對稱的造型。**淨樂寺（神奈川縣橫須賀市）的不動明王立像（木造・鎌倉時代・重文）**為運慶的作品。不過也有例外，同樣是運慶作品，**願成就院（靜岡縣伊豆之國市）的不動明王二童子立像（木造・鎌倉時代・國寶）**的不動明王則是兩眼都盯著正面看的左右對稱造型。

不動明王的辨識方法

POINT
右手持劍，左手拿羂索是不動明王的標誌。

莎髻
頭頂上綁許多一小撮的頭髮。是不動明王經常可見的造型。
捲髮
平安時代中期以後的不動明王髮型變成有許多小捲毛的捲髮。
忿怒相
雖然是憤怒的表情，不過並不是看起來可怕而已，其實也呈現慈悲的神情。
天地眼
右眼看天、左眼看地的天地眼是不動明王的特色。
羂索
左手拿著救濟世人的繩索。
上下出牙
右牙向上、左牙向下的牙上下出也是不動明王才有的特色。
劍
右手拿代表明王智慧的寶劍。
平安時代中期前後的髮型和表情（眼睛與牙齒）都不一樣
這樣啊！如果瞭解這點的話，光看臉孔就能夠知道製作的年代呢。
平安中期以前的不動明王臉孔
睜大兩眼。總髮的髮型以及左側垂下來的辮髮。嘴唇兩端伸出牙齒。

主要的不動明王及二童子像

願成就院（靜岡縣伊豆之國市）之外，淨琉璃寺（京都府木津川市）的不動明王及二童子像〔木造．鎌倉時代．重文〕、東大寺博物館（奈良寺）不動明王及二童子像〔木造．南北朝時代．重文〕等，都是在奈良近郊可見到的明王佛像。

跟隨不動明王的童子們

明王中屬於核心存在的不動明王也經常可見單獨受到供奉的情況。這時看到的都是以三尊像的形式出現。不動明王的隨從有八大童子，不過身邊集合八大童子的不動明王像並不多見，取而代之常見的是由八大童子中的矜羯羅童子與制吒迦童子擔任脇侍的不動明王及二童子像。

二童子的特徵

制吒迦童子
通常見到的是調皮小孩的模樣。
據說矜羯羅童子是溫柔性格，制吒迦童子則是積極性格喔！
從姿勢也看得出性格呢
矜羯羅童子
通常看到的是專心仰望不動明王的順從姿勢。

八大童子所跟隨的不動明王像

除了矜羯羅童子與制吒迦童子之外，還有慧光童子、慧喜童子、阿耨達童子、指德童子、烏俱婆伽童子，以及以僧侶之姿出現的清淨比丘等總共八人的八大童子。

雖然八大童子像不多，不過其中知名的有金剛峯寺靈寶館（和歌山縣高野町）的八大童子立像〔木造．平安時代．國寶〕，據傳是以運慶為首的「運慶團隊」所造的。不過因為是秘佛，只有特別公開的活動才有機會看到。

另外還有康圓製作的世田谷觀音（東京都世田谷區）不動明王及八大童子像〔木造．鎌倉時代．重文〕。這裡的佛像每月二十八日開龕供民眾參觀。

明王❷

降三世明王

↙降伏三個世界

北
東
西
南
五大明王中，位於東邊的是降三世明王…
佛像
唔—
又是一個難記的名字…
如果知道含意的話，不就容易記了嗎？
佛
哇
又是一張可怕的臉孔
麻、麻煩您了—
簡單來說，就是「降伏三個世界」所以得降三世之名。
貪
嗔
癡
三個世界

○降三世明王簡介

意義：征服「過去・現在・未來」等三世，降伏眾生根本的迷惘「貪・嗔・痴」等三個煩惱，所以得降三世之名，意指「降伏三個世界」。

姿勢：三面或四面八臂的忿怒相，正面的臉孔有三隻眼。雙手在胸前交叉，十指交纏結降三世印的獨特印相。左腳踩大自在天（濕婆神），右腳踩其妃・烏摩。

特徵：通常是以五大明王之一的神尊安置於東方供奉。位階高，僅次於不動明王。

○要念「Goubuku」而不是「Kouhuku」，

在日文中，平常「降伏」二字是念「Kouhuku」，但如果是在佛教的情況，讓對方「認輸」時使用的話，就念「Goubuku」。由於是降

那個……請問
瞄…
您採到他了？
咔
咔
什麼
啊，沒關係喔！我正在教訓他。
降三世明王的辨識方法
POINT
腳踩大自在天與烏摩，以及獨特的降三世印為其標記。
三面八臂
有三或四張臉以及八隻手。
第三隻眼
分怒相
降三世印
雙手在胸前交叉，左右小指交纏的獨特印相。
持物
手持金剛杵、劍、弓、羂索等武器。
虎皮裙
穿著虎皮製作的緊身褲。呈現如老虎般的強大力量。
腳踩大自在天與烏摩
左腳踩印度教最高階的神・大自在天（濕婆神），右腳踩大自在天之妃・烏摩，呈現降伏的強大力量。
印度教最高階的神說自己是全世界之主，所以我要教訓一下。
踩著那樣的大人物……
暈

伏邪念，所以也表示擊敗自己內心的邪念改過向善的意思。

〇罕見坐像的降三世明王容貌也是極具震撼力

金剛寺（大阪府河內長野市）裡供奉著**本尊**・大日如來以及脇侍不動明王坐像、**降三世明王坐像（木造・鎌倉時代・重文）**。降三世明王是罕見的一面二目二臂的坐像，一直以來被認為是運慶的作品，不過最近的調查發現，有可能是快慶的弟子・行快的作品。是超過二公尺以上的大型佛像，可愛的臉孔也是非常有個性的。

〇高帥型的佛像

明通寺（福井縣小濱市）的**降三世明王立像（木造・平安時代・重文）**也是高達二・五公尺的大型佛像。以雙腳併攏的姿勢踩著大自在天，與一般降三世明王的姿勢不同。

明王③

軍荼利明王

具有消災延命的功德

北
西
東
南
五大明王中供奉於南側的是軍荼利明王。
初見面，您好
提心吊膽
那個，可能是我的誤解…
真不安
圍繞在脖子上的，是蛇？
應該不是吧—
是蛇喔！
嘶！
不會吧！

○軍荼利明王簡介

意義：梵語的Kuṇḍali直接音譯，語源有「盤成一團的蛇」以及「裝了甘露（不死之藥）的壺」等兩個意思，由後者的意思表示此明王具有消災延命的威力。

姿勢：一面三目八臂（一張臉、三隻眼、八隻手）的忿怒相，胸前纏著一條蛇。中間的雙手在胸前交叉，結軍荼利明王獨有的大瞋印，其餘六手則分別手拿持物。

特徵：五大明王中鎮守南方的神尊。

○多以五大明王之一的神尊供奉

可以看到五大明王齊聚一堂的地方，除了京都的**東寺講堂**（**京都市**）之外，**醍醐寺**（**京都市**）、大覺寺（京都市）也很有名。另外，奈良的**不退寺**（**奈良市**）也有五尊

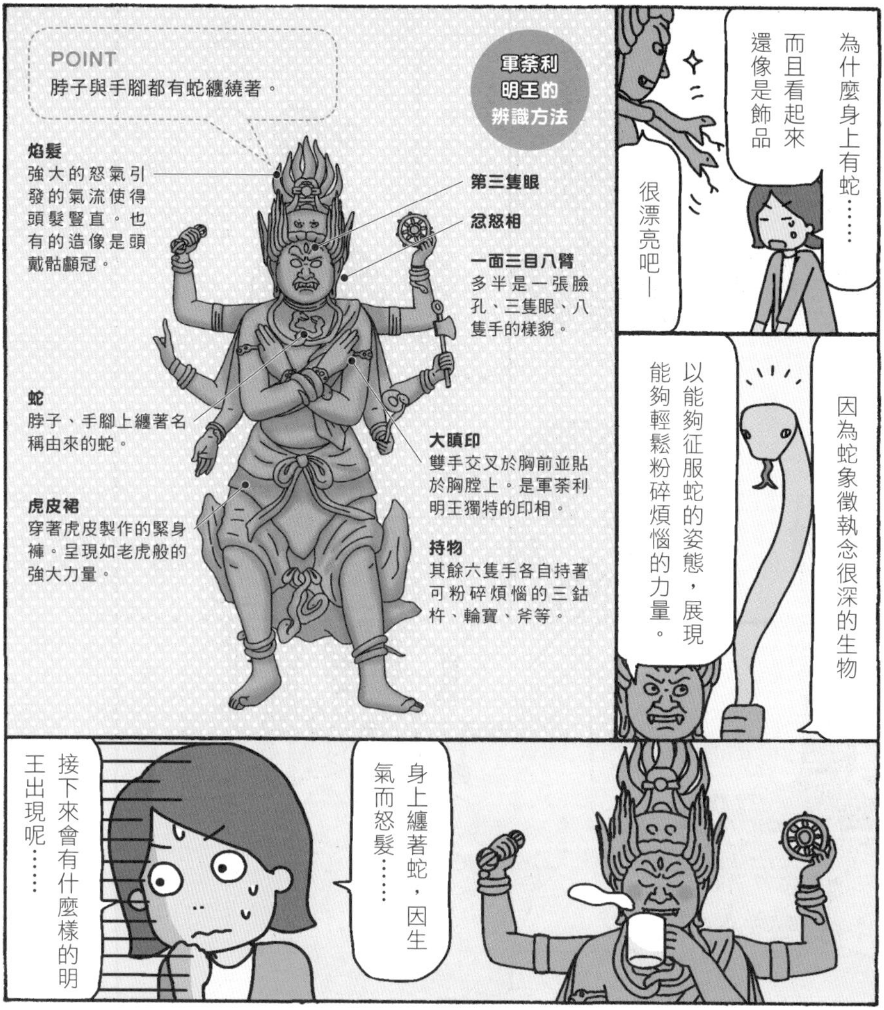
為什麼身上有蛇……
而且看起來還像是飾品
很漂亮吧—
因為蛇象徵執念很深的生物
以能夠征服蛇的姿態，展現能夠輕鬆粉碎煩惱的力量。
軍荼利明王的辨識方法
POINT
脖子與手腳都有蛇纏繞著。
焰髮
強大的怒氣引發的氣流使得頭髮豎直。也有的造像是頭戴骷髏冠。
第三隻眼
忿怒相
一面三目八臂
多半是一張臉孔、三隻眼、八隻手的樣貌。
蛇
脖子、手腳上纏著名稱由來的蛇。
大瞋印
雙手交叉於胸前並貼於胸膛上。是軍荼利明王獨特的印相。
虎皮裙
穿著虎皮製作的緊身褲。呈現如老虎般的強大力量。
持物
其餘六隻手各自持著可粉碎煩惱的三鈷杵、輪寶、斧等。
身上纏著蛇，因生氣而怒髮……
接下來會有什麼樣的明王出現呢……

明王可參拜。

○雖是明王卻帶著優美的貴族風!?

大覺寺本堂（五大堂）的本尊五大明王像（木造・平安時代・重文）目前安放於靈寶館，是結合定朝流派的圓派佛師・明圓之作。軍荼利明王與其他明王像都是六十公分左右的小佛像，比起氣勢，是更具優美與魅力的佛像。

○明圓佛師現存的唯一作品

明圓除了參與興福寺的復原工作，也是活躍於平安末期到鎌倉初期的圓派佛師。明圓之後，圓派就衰退了。現存的明圓作品只有前述的五大明王像而已。

明王④

大威德明王

幫助世界順利運作，除惡

北
東
西
南
接下來是五大明王中位於西邊的大威德明王了。
軍荼利明王
大威德明王的辨識重點是牛
如果是牛的話，就是穩健踏實，真不錯。大概是頭冠上有牛這類的感覺吧
沒想到騎牛來了
……這麼小的地方還真進得來呢
這也沒辦法呀，因為有意義的嘛！

○大威德明王簡介

意義：把印度教的死者之王閻魔引進佛教之中，成為大威德明王。不只是除去各種阻礙，也能夠處理蔓延世間的邪惡。

姿勢：六面六臂六足（六張臉、六隻手、六條腿），騎乘水牛。別名為六足尊。六張臉分別有第三隻眼，正面雙手豎立中指合掌，結大威德明王獨特的檀陀印。其他的手分別持劍、戟等武器。

特徵：五大明王中守護西方。是世人祈願戰勝的神明。

○有坐著的牛，也有走路的牛!?

東寺講堂的大威德明王坐像（五大明王之中）（木造・平安時代・國寶）坐在蹲著的水牛背上。另外，**石馬寺（滋賀東近江市）大威德明王坐像（木造・平安時代・重**

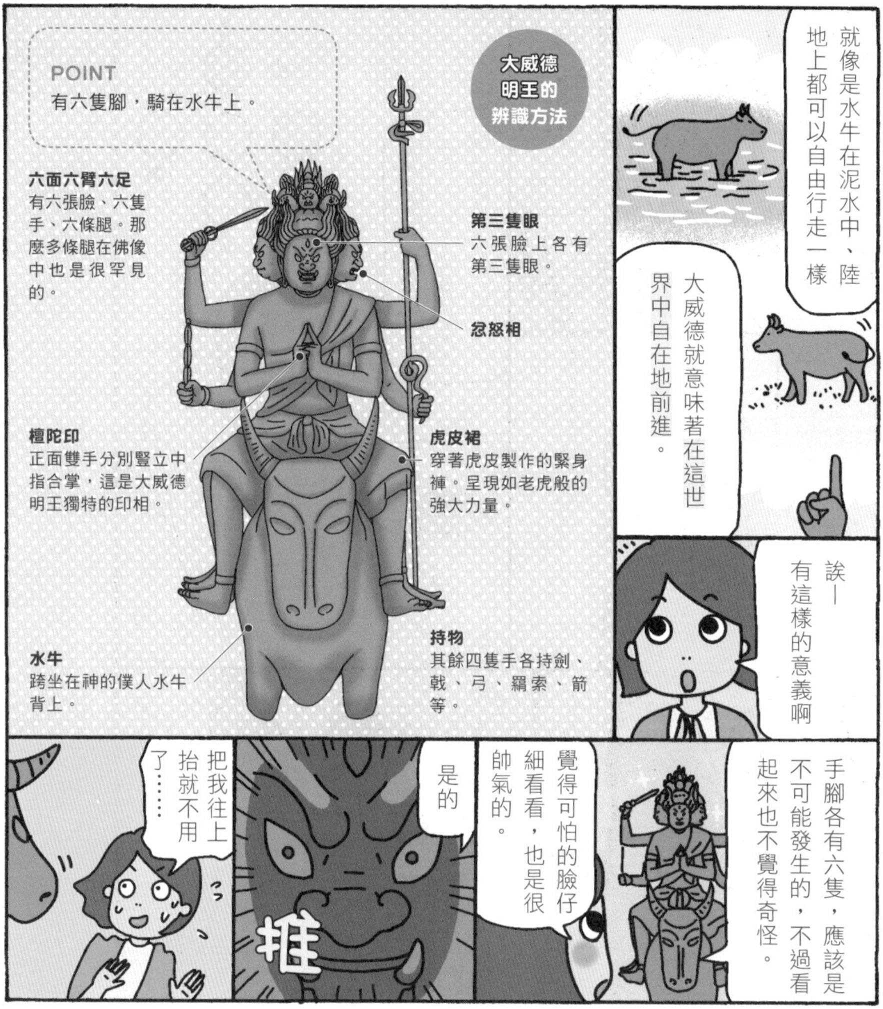
就像是水牛在泥水中、陸地上都可以自由行走一樣
大威德就意味著在這世界中自在地前進。
大威德明王的辨識方法
POINT
有六隻腳，騎在水牛上。
六面六臂六足
有六張臉、六隻手、六條腿。那麼多條腿在佛像中也是很罕見的。
第三隻眼
六張臉上各有第三隻眼。
忿怒相
檀陀印
正面雙手分別豎立中指合掌，這是大威德明王獨特的印相。
虎皮裙
穿著虎皮製作的緊身褲。呈現如老虎般的強大力量。
水牛
跨坐在神的僕人水牛背上。
持物
其餘四隻手各持劍、戟、弓、羂索、箭等。
誒—有這樣的意義啊
手腳各有六隻，應該是不可能發生的，不過看起來也不覺得奇怪。
覺得可怕的臉仔細看看，也是很帥氣的。
是的
推
把我往上抬就不用了……

文）的水牛特徵是彎曲右腳，像是即將要站起來的樣子。還有，**醍醐寺靈寶館的大威德明王坐像（五大明王之中）（木造・平安時代・重文）**的水牛則呈現站立走路的姿勢。順帶一提，這裡的水牛眼睛圓滾滾的，非常可愛。

○創建當時保存至今的幸運大威德明王

醍醐寺五大堂的本尊，五大明王也稱為「五大力尊」，受到信眾虔誠信仰。其他四尊明王因火災而受損，現正修復中，**大威德明王騎牛像（木造・平安時代・重文）**則保持創建當時的原樣。輕鬆的體態配上睜大眼睛的憤怒表情不會過度誇張，讓人印象深刻。

明王⑤

金剛夜叉明王

使用強大的武器打擊並吃掉惡事

北
東
西
南
已經聚集五大明王中的四人，不，四尊明王，最後就是北方的明王了
佛像
我是掌管北方的金剛夜叉明王。
夜叉？
就像是漫畫或電影裡的夜叉？
喂喂～是我先出現的。
夜叉原來是古代印度神話中的惡神～
喔
會吃人的喔

○金剛夜叉明王簡介

意義：梵語是「vajrayakṣa」，意為「擁有金剛杵威力的夜叉」，故稱金剛夜叉。會擊敗各種邪惡，吃掉欲望。

姿勢：三面六臂（三張臉、六隻手）的忿怒相，正面的臉有五隻眼，左右臉孔各有三隻眼。除了金剛杵、金剛鈴之外，還握有弓、箭、劍等武器。

特徵：在真言宗體系的寺院中，列為五大明王之一，鎮守北方。天台宗體系的寺院則是以烏樞沙摩明王取代金剛夜叉。

○奈良市中可參拜罕見的五大明王的寺院

不退寺（奈良市）以**聖觀音菩薩立像**（**木造・平安時代・重文**）而聞名。此聖觀音菩薩立像與平安時代初期的歌人・在原業平有關，因

哇!!
妳放心～
自從向善成為佛教的明王，就只吃邪惡的事囉
喀嚏喀嚏喀嚏
金剛夜叉明王的辨識方法
POINT
中央的臉孔有五隻眼睛。顯眼的標記是手持金剛杵與金剛鈴。
三隻眼
左右臉各有三隻眼。
三面六臂
有三張臉、六隻手臂。
忿怒相
五隻眼
中間的臉有五隻眼。
持物
除了金剛杵與金剛鈴之外，顯眼的標記還有弓、箭、劍等。
虎皮褲
穿著虎皮製作的緊身褲。呈現如老虎般的強大力量。
1、2…真的耶，有五隻眼睛
凝視—
可能已經習慣奇怪的臉孔……
嗯？

而有了民眾熟悉的「業平觀音」名稱。不過，不退寺也是奈良可參拜罕見的**五大明王像**（**木造・平安時代・重文**）的重要寺院。這裡的五大明王像的姿勢、神情穩重為其特徵。五大明王之一的**金剛夜叉明王立像**也平靜地呈現心中醞釀的怒氣。

○烏樞沙摩明王是管廁所的神明

天台宗的寺院以烏樞沙摩明王取代金剛夜叉。由於烏樞沙摩明王具有清淨不潔的力量，所以也被信奉為「廁所之神」而受到單獨供奉。造像的範例不多，一面二臂、四臂等各種造型不定。例如**瑞龍寺**（**富山縣高岡市**）的**烏樞沙摩明王立像**（**木造・鎌倉時代・縣指定有形文化財**）就是以左手抓住高舉的右腳，呈現活潑的姿態。佛像全身散發力量，看起來就像是運動選手一樣。

明王⑥

愛染明王

梆 梆
前男友出現了？
這真是難以選擇的兩難吶。
蹦
愛欲是人類煩惱中最難斬斷的吶！
咀嚼 咀嚼
嗯？
所謂愛欲是？
我是愛染明王
小佛妳變聰明了呢！
您會幫我斬斷愛欲對吧！
我懂了！
平常是這樣沒錯。
不過也正因為有欲望，所以才想要努力獲得不是嗎？
確實如此

淨化愛欲 使之解脫

○愛染明王簡介

意義：掌管愛情、情欲的明王。欲望有時候是人生存時所需的活力來源，所以引導人淨化愛欲轉為菩提心，迎向開悟。

姿勢：擁有六隻手的一面三目六臂像，忿怒相、頭髮豎立的焰髮，頭戴獅冠，身體因顯現愛欲而呈現紅色，光背是紅色太陽。持物有弓、箭、五鈷杵、五鈷鈴、劍等。只有坐像沒有立像。

特徵：透過空海傳至日本。多見單尊供奉。鎌倉時代以後廣為信仰。

○發怒而呈現全身紅色的鮮豔愛染明王

西大寺愛染堂（奈良市）的御本尊・**愛染明王坐像**（**木造・鎌倉時代・重文**）是活躍於鎌倉時代的佛師・善圓之作。佛像高僅三十四公

因此，不要勉強斬斷難以斷絕的愛欲，而是轉換為生命的活力。
活力
簡單來說，就是把能量轉為悟道的方向。
是喔
愛染明王的辨識方法
POINT
呈現愛欲的紅色身體，頭上戴獅冠。
獅冠
強調明王的憤怒。
焰髮
因生氣而豎直的頭髮。
一面三目六臂
多見一張臉孔、三隻眼、六隻手臂的造型。
握拳向上。意味著抓得住世人祈求的所有願望。
弓與箭
六隻手當中一定有雙手分別持弓與箭。
五鈷杵
金剛杵的一種，兩端分出五爪。
紅色身體
紅色是呈現愛欲的顏色。
持物
其他手拿金剛鈴、五鈷杵、蓮花等。
也有像邱比特那樣，做出射箭姿勢的「天弓愛染」喔！
天弓愛染
西方與東方的想法都一樣，真是有趣—

分，雖是小型造像卻充滿力量。以秘佛（※現在一年數次特別開龕）供奉，所以色彩依舊保存完好，全身染成紅色的造型充分顯現愛染明王特有的憤怒。

○有如愛神邱比特的天弓愛染

金剛峯寺（和歌山縣高野町）、放光寺（山梨縣甲州市）以及神童寺（京都府木津川市）等處可以看到天弓愛染明王像跟愛神邱比特一樣向天空射箭的造型。**神童寺的天弓愛染明王坐像（木造・平安時代・重文）**不僅可見其憤怒表情，也看得到其沉穩的姿態。順帶一提，神童寺中也有以「白色不動明王」、「白不動」、「波切白不動佛尊」等名稱而聞名的**不動明王立像（木造・平安時代・重文）**。如名稱所示，佛像被施以白色色彩，是罕見的不動明王像。

明王⑦

孔雀明王

↙ 除去毒害 帶來安樂

報告寫不出來～
焦躁不安
忍不住在電話中對父親用惡毒的字眼吐苦水……
毒？
嗯？
孔雀——好華麗——
將
嗯？呈現菩薩溫暖的微笑。
抱歉，現在輪到明王。
我是明王喔！
孔雀明王

○孔雀明王簡介

意義：據信孔雀擁有除去各種毒（害）的能力，所以衍生可除去病苦帶來安樂。

姿勢：唯一不帶忿怒相的明王。多見有四隻手的一面四臂像，現菩薩之姿頭戴寶冠，坐在開屏孔雀背上的蓮花座上。四隻手分別持蓮花、孔雀尾、俱緣果（柑橘類）、吉祥果（石榴）。俱緣果具有預防災害的含意，吉祥果則有消除災害的含意。

特徵：日本從奈良時代開始就信仰孔雀明王，雕像作品不多。

○孔雀被神格化的理由

孔雀是印度國鳥，因為會吃毒蟲與毒蛇，所以據信擁有去除毒性的能力。另外，毒蛇被喻為煩惱，所以吃掉毒蛇的孔雀就像是能夠吃掉人類的煩惱般地守護世人。神格化

好像名人的感覺
為什麼乘坐孔雀呢？
孔雀明王的辨識方法
POINT
乘坐在開屏孔雀的背上。
孔雀
除去毒物的象徵。大大展開的扇狀羽毛成為光背。
寶冠
慈悲相
明王中唯一以菩薩樣貌出現，所以呈現沉穩的慈悲相，而非忿怒相。
蓮花座
坐在孔雀背上的蓮花座。
一面四臂
多見一張臉、四隻手臂。
持物
四隻手分別持蓮花、孔雀尾、俱緣果（柑橘類）、吉祥果（石榴）等。
雖然是明王，但是沉穩而優雅。
因為孔雀會吃毒蟲與毒蛇，所以被認為不僅可去毒，也擁有去除病苦的能力。
毒
病苦
哇
消除毒害，優美的氣質
父親大人—方才是女兒失禮了。
無須勉強使用不習慣的說法……

的孔雀被引進佛教而成為孔雀明王。因孔雀的特性而產生治病、延命的功德。另一方面，孔雀據說是能預知雨季的鳥，所以孔雀明王也被供奉為祈雨的神尊。

◎少見的孔雀明王像中，快慶的優秀作品

金剛峯寺靈寶館（和歌山縣高野町）的孔雀明王像（木造．鎌倉時代．重文），由佛像內部的銘文得知是快慶的作品。雖是快慶初期的作品，不過細長的玉眼（嵌入水晶的眼睛）等造型可以看出快慶特有的風格。

COLUMN 4

佛像台座指南

安置造像的基座稱為台座。由於台座與位階有關，所以也可以從台座判斷佛像的種類。

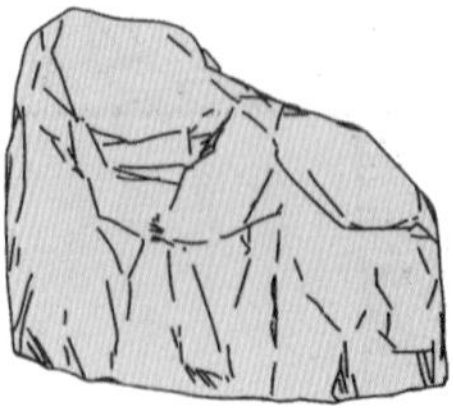

岩座

【特徵】表示岩石

【使用的主要代表】明王、天部。經常可見惡鬼在岩座上，然後明王踩著惡鬼的姿勢。

蓮花座

【特徵】蓮花的形狀。是台座中最常見的一種。

【使用的主要代表】如來、菩薩。

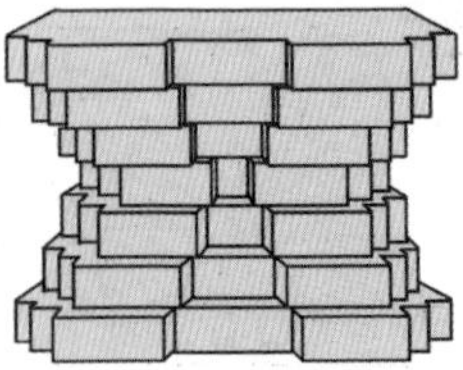

瑟瑟座

【特徵】岩座的一種，類似以木頭組成的樣式。

【使用的主要代表】只用在不動明王像的台座。

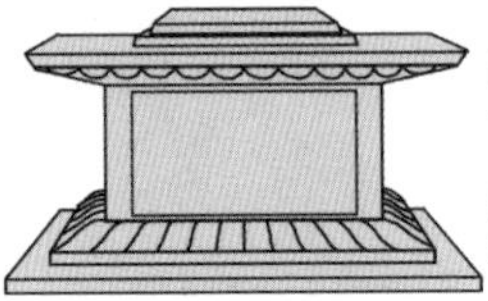

須彌座

【特徵】呈現佛教世界的中心，須彌山的樣子。

【使用的主要代表】如來群組。奈良時代以前製作的佛像經常可見。

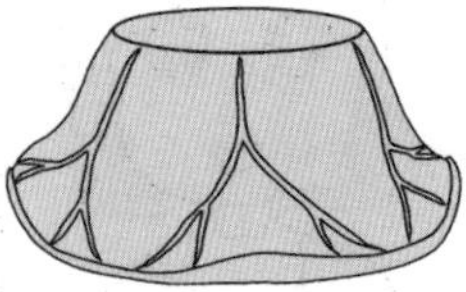

荷葉座

【特徵】蓮葉向下的形狀。

【使用的主要代表】吉祥天等天部。

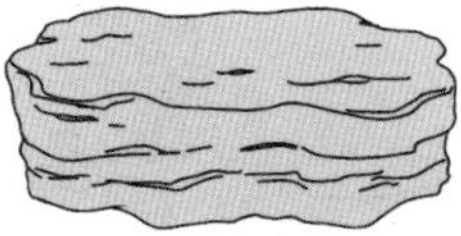

洲濱座

【特徵】呈現海浪打在岩石上的樣子。

【使用的主要代表】十大弟子、八部眾等。

雲座

【特徵】呈現佛來迎接時，乘雲的樣子。如果佛採坐姿，則雲座上多會有蓮花座。

【使用的主要代表】阿彌陀佛、飛天等。

裳懸座

【特徵】箱型的台座類似「宣」字，所以也稱宣字座。宣字座前面被坐像下垂的衣服下襬遮蓋而成為裝飾，也稱為裳懸座。

【使用的主要代表】法隆寺金堂的釋迦三尊像很有名。

第四章 天部

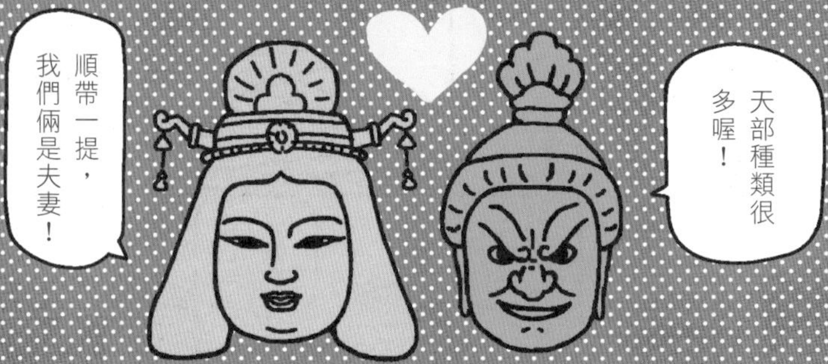
天部種類很多喔！
順帶一提，我們倆是夫妻！

何謂天部？

如來
菩薩
明王
天部
如來、菩薩、明王，接下來的第四部分是天部呀……
天部數量眾多，姿態與性格也各異，搞不清楚
關於天部
空白
嘻—嘻—
試著以功用來整理看看！
太久沒出現了，出來露個臉！
來～伴手禮
淨琉璃仙貝
極樂饅頭
藥師佛—阿彌陀佛—
如來、菩薩、明王的目的是什麼呢？

天部 指佛界的護衛

○天部簡介

意義：印度自古以來的神明被引進佛教而成為天部。由於本來就是住在天界上的神明，所以就被稱為天部。相對於如來、菩薩、明王等以救濟世人為目的，天部的主要任務是守護信仰佛與佛教義之所有信眾。

姿勢：天部沒有固定的形式。此外，姿態也依性格或任務而各有不同，所以相當具有多樣性。從外貌的特徵也能夠分出不同類別，如果瞭解特徵就更容易辨識天部。

特徵：如來、菩薩、明王是超越性別的存在，而天部的諸天則分男神．女神。常見的護法神以男神為主，福德神以女神為主。

○任務是守護佛法並帶來現世利益

天部據傳有二百尊以上，分類也各有不同。不過，若以功能來看的

是為了救濟世人！
2
沒錯。也包含人類以外的生物喔！
如果以意義區分天部的話，可以分為兩種—
一種是守護佛及其教義的護法神。
嗶
另一種是帶來現世利益的福德神。
Happy
現世利益
原來如此。像這樣分類的話就容易明白了呢！
咀嚼咀嚼
感謝！
你們帶來的伴手禮，真好吃～
空無一物
寫報告的速度很慢，吃的速度倒很快。

話，則可以分為守護佛法的護法神，以及帶來現世利益的福德神。

○護法神群組的天部

為了發揮更大的力量，所以通常是同時供奉多尊天部。例如兩尊一組站在寺門口的金剛力士、守護東西南北等四方的四天王、擔任釋迦牟尼佛脇侍的梵天與帝釋天、釋迦牟尼佛隨從的八部眾（阿修羅、迦樓羅等），以及藥師佛的隨眾十二神將等。

○福德神群組的天部

有許多天部單獨受到供奉，例如美麗與幸運女神吉祥天、學問與音樂女神弁才天、戰鬥與財富之神大黑天等。

天部的辨識方法

POINT
天部也可以從裝扮來區分。以服裝區分的話，可以分為貴顯天部與武裝天部等兩種。

貴顯天部群組

貴顯天部穿著如貴族般的服裝。有梵天或帝釋天等像中國貴族般的男神形，以及吉祥天、弁才天等代表美麗女性的女神形。

武裝天部群組

穿著鎧甲呈現武裝樣貌的即為武裝天部。目的是擊退外敵，所以呈現穿著甲冑的武將姿態，手上拿著武器，多呈忿怒表情。上半身赤裸的金剛力士、如迦樓羅般擁有鳥頭的獸面形、一般人所熟知的風神．雷神之鬼神形等，都屬於武裝天部。

武神形

※上方四尊
歸類為武神形

金剛力士吽形

金剛力士阿形

十二神將中的
宮毘羅

四天王中的
多聞天

鬼神形

雷神

風神

鳥獸形

歡喜天

迦樓羅天

梵天

唉—
好想快點去參拜知名的佛像吶！
無所事事
不過，因為是打工存錢去旅行參拜佛像，所以一定要好好預習才行。
繃緊神經
因為還有報告要寫呢！
佛像
妳已經喜歡佛像到想快點出發呢！
蹦
您是釋迦牟尼佛的脇侍，梵天。
賓果！
答對了！
想起很久很久以前，佛陀開悟時—
一下子進入自己的世界裡?!

位於天部最高位階，是護法神的代表

○梵天簡介

意義：本來是古印度婆羅門教中，創造宇宙之神梵天。由於是婆羅門教中的最高位階，所以被引入佛教後也位居高階，與帝釋天同居天部最高階。

姿勢：一面二臂的貴人樣貌之外，也有四面四臂坐鵝座的佛像。

特徵：多半與帝釋天一組，擔任釋迦牟尼佛脇侍的三尊像形式。

○貴人裝扮的梵天
是自古以來就有的樣貌

與人類相同姿態，呈現中國唐朝的貴族裝扮，平安時代以前製作的佛像就是這種模樣。如果手拿持物的話，通常看到的是拂塵。

這個類型的梵天像可在以下寺院看到，**東大寺法華堂**（**奈良市**）的**梵天立像**〔**脫活乾漆造．奈良時代．國寶**〕、**唐招提寺金堂**（**奈良**

佛陀思考著，就算想教導世人開悟，也因為太難了，世人應該聽不懂吧！
嗯
當時，就是梵天說服佛陀：「祢開悟不就是為了要救濟世人嗎？」
嗯
梵天的辨識方法
POINT
特徵是中國唐朝的貴族裝扮。平安時代以後也出現坐在鵝背上的佛像。
髻
束髮。
一面二臂
與人一樣的樣貌。平安時代以後的形像是有四張臉、四隻手的四面四臂像，也有的會坐在鵝背上。
持物
也有手拿拂塵的形像。
與願印
貴族裝扮
一面二臂像是以唐代（中國）的貴族為原型，通常見到的是禮服裝扮。
鼻高沓
鞋尖高起的皮製鞋。
欸，如果沒有梵天您的建議，或許佛教就不存在了！
這不是很厲害嘛！
沒有啦－倒也不至於如此啦
呵呵呵

市）的**梵天立像（木造・奈良時代・國寶）**、**法隆寺大寶藏院（奈良縣斑鳩町）的梵天立像（塑造・奈良時代・重文）**。平安時代以後並不是就不製作一面二臂的梵天像了，像**興福寺國寶館（奈良市）的梵天立像（木造・鎌倉時代・重文）**就是優秀的一面二臂像作品。

○平安時代以後也有坐在鵝座上的梵天像

平安時代以後，密教盛行，所以流行製作四面四臂坐在鵝座上的梵天像。四面四臂像以**東寺講堂（京都市）的梵天坐像（木造・平安時代・國寶）**聞名，身上圍著條帛與裙的打扮。這裡的梵天坐在四隻鵝背上的蓮花座上。

天部❷

帝釋天

天部最高位階的戰士守護神

啊，梵天！
跟您一起的是雙胞胎嗎？長得好像啊—
小佛
這位是⋯
初見面，我是帝釋天。
帝釋天？
人稱我為瘋癲的寅先生
與那個帝釋天形象不一樣喲
砰
帝釋天原本是印度神話中最強的戰神呢！

○帝釋天簡介

意義：源自古印度神話中的武神因陀羅（Indra）。被引進佛教後，與梵天同居天部最高位階。

姿勢：一面二臂，穿甲冑的貴族樣貌，以及一面三目二臂騎白像的樣貌。

特徵：常見的是與梵天一組擔任釋迦牟尼佛脇侍的三尊像形式。

○衣服裡面的甲冑是辨識的重點之一

古代的帝釋天與梵天一樣，都是一面二臂的樣貌，服裝則以中國唐朝的貴族為原型。以這種樣貌與梵天組成一對。**東大寺法華堂（奈良市）的帝釋天立像（脫活乾漆造·奈良時代·國寶）、唐招提寺金堂（奈良市）的帝釋天立像（木造·奈良時代·國寶）、法隆寺大寶藏院（奈良縣斑鳩町）的帝釋天立像**

誒—戰神！
跟寅先生的形象完全不同。
被納入佛教後，與梵天同居天部最高位階。
天部
帝釋天的辨識方法
POINT
與梵天一樣走唐朝貴族風，不過由於原來是戰神，所以也有配戴武器。
髻
束髮。
持物
也有手持蓮花、金剛杵等。
貴族裝扮
經常見到一面二臂像的中國唐朝貴族風裝扮，衣服裡面穿了甲冑。
一面二臂
與人類一樣的模樣。平安時代以後的密教佛像也出現一面三目二臂騎白象的模樣。
鼻高沓
鞋尖高起的皮製鞋。
妳好！
妳好！
呵呵
就跟妳說不一樣！

〔**塑造・奈良時代・重文**〕著名。外表看起來與梵天相似，不過帝釋天為武神，所以觀看擔任佛陀三尊的脇侍—梵天與帝釋天時，一般的辨識方法就是穿著甲冑的是帝釋天，沒有穿甲冑的就是梵天。不過，東大寺・法華堂的梵天・帝釋天立像則剛好相反，有一說是後世把名稱交換的緣故。

○平安時代以後的密教像騎白象

平安時代密教傳入日本之後所製作的密教像也有一面三目二臂像。經常可見衣服下面穿著甲冑，坐在白象上，腳往下踩。**東寺講堂**〔**京都市**〕**的帝釋天半跏像**〔**木造・平安時代・國寶**〕很有名。由於其緊緻美麗的五官，以「帥氣」之稱而聞名。

天部③ 金剛力士（仁王）

躂
躂
遲到了
乾脆翹課，直接去學生食堂算了。
嘿嘿嘿
轉念
等等！
咚
妳這樣內心不感到愧疚嗎？
仁王大人！為何祢們在這裡!?
我們的任務就是守護，不讓心存愧疚的人或是佛敵進入寺中。
嗯
這裡又不是寺院……
但是愧疚這點說對了，也沒辦法了。
仁王大人，抱歉！

位於大門左右兩側，擊退佛敵

○金剛力士（仁王）簡介

意義：梵語稱為Vajra，意思是「手持金剛杵（擊退佛敵的武器）」。以名稱由來的金剛杵擊退惡鬼並守護佛。因為有兩尊王，所以也稱為仁王。

姿勢：手持金剛杵，開口的是阿形像，閉口的是吽形像。相對於阿形以忿怒相表現憤怒，吽形像則多呈現把憤怒藏於內心的表情。

特徵：為了防衛佛敵，阿吽二尊一組安置於寺院的大門兩側。

○單尊置於堂內的執金剛神像

最早是穿上甲冑的武將姿態，單尊被供奉於堂內。相對於兩尊一組的金剛力士像，一尊且穿上甲冑供奉的稱為執金剛神像。雖然作品不多，不過**東大寺法華堂**（**奈良市**）的**執金剛立像**（**脫活乾漆造・奈良**

雖然仁王的名稱比較熟悉。
不過也請記住金剛力士的名稱。
還有，我是阿形
那位是吽形
嗯
阿是日文52音的第一個音，意味著萬物的起源，吽是最後一個音，代表萬物最後的結果。
也以「阿吽的呼吸」形容兩人有默契呢！
金剛力士（仁王）的辨識方法
POINT
結實肌肉表現出律動感的姿態。阿形與吽形兩尊一組被供奉在寺院入口或大門處。
忿怒相
開口的是阿形像，看得出臉上呈現憤怒的表情。
金剛杵
擊敗佛敵的強大武器。
吽形
閉口的是吽形像，看得出把憤怒藏在內心的神情。
半裸
上半身赤裸露出結實的肌肉。真實到連血管都浮現出來。
天衣
如披肩般的長布。
裙
腰上纏著如裙般的衣物。
連身上的血管都看起來那麼真實──肉體美～♪
別打馬虎眼，既然知道了就快去上課！
喝
被看穿了

時代．國寶）堪稱傑作。

○一般是安放在大門左右，面往前

古代的金剛力士像最有名的就是**法隆寺中門（奈良縣斑鳩町）的金剛力士立像（塑造．奈良時代．重文）**，上半身赤裸，腰以下裹著裙子，肩上披著天衣。後來就一直以這樣的姿勢放在大門左右兩側，面向前。不過其中也有例外，知名的**東大寺南大門（奈良市）金剛力士立像（木造．鎌倉時代．國寶）**，阿吽像的位置左右顛倒，同時兩尊相向對望。

另外，據說**興福寺國寶館（奈良市）的金剛力士立像（木造．鎌倉時代．國寶）**以前不是放在大門兩側，而是安置在須彌壇上。

天部❹

四天王

↙守護佛法的守護神

打工的錢都存下來了，報告也快完成了。
第一次的一人旅行就是參拜佛像之旅呢！
太帥了—
感覺有人，不，有佛像的氣息!?
喔喔
咂
西
北
南
東
位處東西南北，那就是……
四天王！
守護東方的持國天
守護西方的廣目天
守護南方的增長天
守護北方的多聞天

○四天王簡介

意義：指持國天、廣目天、增長天、多聞天等四尊神明。原本是古印度神話中，鎮守東、西、南、北等四方的神明，後來被引進佛教。由於任務是守護須彌山四方的四個門，所以被安置在象徵須彌山的須彌壇（安置佛像的台）之四個方位。

姿勢：四尊都是身穿甲冑的英勇姿態，手持武器的憤怒表情，腳踩被稱為邪鬼的惡鬼。

特徵：有持國天與多聞天等二天受到供奉，也有多聞天單獨受供奉的情況。

○直立不動的四天王像

四天王像的造型多，所以依時代來比較特徵也是很有趣的。例如，飛鳥時代製作的**法隆寺金堂**（**奈良**

北
多聞天
身懷鉅款的小佛，太珍貴了，所以我們一定要守護妳。
正經貌
不，我身上沒有鉅款，而且祢說那麼大聲才危險。
噓——！
小佛不習慣身懷鉅款，做任何事情一定都很不方便，我們一定要保護妳。
越講越離譜了——
噗——
話說，為什麼你們會位居東西南北四方呢？
？
我們本來是古印度的神明
多聞天
持國天
增長天
廣目天
佛教世界
被引進佛教之後，就成為守護佛教世界四方的守護神了
雖然一直待在須彌壇上，
須彌壇
廣目天
多聞天
西
北
本尊
南
東
增長天
持國天
不過，須彌壇是佛教世界的縮圖，所以鎮守東西南北四方表示守護佛法的意思喲！
順帶一提，從東南西北的順序念四天王名字的第一個字，就會是「Zizoukouta」，很容易記吧？
是「地藏小曲」嗎？
♪～
你要那樣變換漢字我也沒辦法……

縣斑鳩町）的四天王立像（木造・飛鳥時代・國寶），或是**當麻寺金堂（奈良縣葛城市）的四天王立像（脫活乾漆造・飛鳥時代・重文※只有多聞天是鎌倉時代的木造之作）**等，就呈現直立不動，沉靜的憤怒神情。

○充滿律動感的四天王像

隨著時代轉變，四天王像的動作也變大。以四天王像的代表作而聞名的東大寺戒壇堂（奈良市）的**四天王立像（塑造・奈良時代・國寶）**就像是捕捉到瞬間動作一樣，充分呈現真實且激烈的憤怒神情。平安時代以後，四天王像的作品不斷增加，姿勢的變化也越來越豐富。其中因優秀作品而聞名的有**東寺講堂（京都市）的四天王立像（木造・平安時代・國寶）**。每尊天王各踩兩隻邪鬼，獨特的姿態充分顯示憤怒之氣。

四天王的辨識方法

POINT
身穿甲冑，手拿武器等持物，腳踩邪鬼。

頭戴頭盔或天冠。
寶塔
佛舍利（裝釋迦舍利子的物品）。
髻
頭髮束在頭頂上。
甲冑
呈現武裝的武士之姿。
忿怒相
寶棒
痛打佛敵的棒子。
邪鬼
威脅佛法的惡鬼。

【北】多聞天

【意義】佛說法時，一邊守護道場，一邊豎耳傾聽的意思。是四天王之首。
【持物】手持寶塔或寶棒等。

從動作與表情觀察四天王之間呈現的平衡美感，這也是四天王像的可看之處。

一定要看邪鬼們有趣的模樣喔！

多聞天與毘沙門天是一樣的!?

鎮守北方的多聞天也有單獨供奉的情況。稱為毘沙門天。除了受到日本戰國時代名將上杉謙信等多數武將供奉為戰勝之神，另一方面，也以避邪・財寶之神廣受庶民信仰。也是七福神之一。

【南】增長天

【意義】成長、變大的意思。負責五穀豐收的任務。
【持物】手持長戟等武器。

【西】廣目天

【意義】擁有特殊能力的眼睛。擔任引發佛心的勸說任務。
【持物】筆或經卷等物品。

【東】持國天

【意義】正如字面意義，表示管理國家，負責國泰民安的任務。
【持物】手持劍等武器。

天部⑤

十二神將

二十四小時守護藥師佛及其信眾

是智慧燒嗎？
撫
藥師如來
我想也是
頭暈目眩
從沒這麼認真讀書的，研究佛像是第一次這麼認真
不忍心看到小佛這麼虛弱……
好，所有隨從們大家一起為小佛加油！
啪！
十二神將！

○十二神將簡介

意義：擔任藥師佛隨從的十二個鬼神稱為十二神將。在修行中立下十二個誓願的藥師佛受到惡魔阻撓時，十二鬼神前來相助，也就是後來的十二神將。十二個神各自率領七千名部下，總計有八萬四千大軍，守護藥師如來與信眾。

姿勢：十二神將沒有固定造形，由佛師自由發揮，共通點是穿甲冑的武將姿態，多呈忿怒相。進入平安時代之後，十二神將與十二地支結合，因而出現頭上頂著十二地支的動物像。

特徵：據說被分配到十二地支的十二神將一天負責兩小時。以二十四小時的體制守護藥師如來及其信眾。

○從野性到喜感，十二神將豐富多元

隨著藥師信仰的盛行，藥師佛的

※括號內為十二支，十二神將的名稱會因經典而略有不同

宮毘羅（亥）
伐折羅（戌）
迷企羅（酉）
安底羅（申）
頞儞羅（未）
珊底羅（午）
因達羅（巳）
波夷羅（辰）
摩虎羅（卯）
真達羅（寅）
招杜羅（丑）
毘羯羅（子）
以居領導地位的宮毘羅為例，說明十二神將的姿勢特徵吧！
十二神將的辨識方法
POINT
通常看到的是穿甲冑的武將姿勢，現忿怒相。
十二支的動物
平安時代以後，因為跟十二支產生關聯，所以出現頭上有十二生肖等動物的形像。
髮
有的是豎直的怒髮，有的是束髮。
忿怒相
劍
其他也會拿金剛杵或斧等各種武器。
鎧甲
呈現武將的樣貌。
看起來一定會保護我們—
有的形像頭上有十二生肖的動物，請找看看自己的生肖吧！
好好玩—
誒？退燒了？
真不愧是藥師團隊!!

隨從十二神將的作品也越做越多。新藥師寺（奈良市）的十二神將立像（塑造・奈良時代・國寶）之外，還有興福寺東金堂（奈良市）的十二神將立像（木造・鎌倉時代・國寶）、廣隆寺（京都市）的十二神將立像（木造・平安時代・國寶）、寶生寺（奈良縣宇陀市）的十二神將立像（木造・鎌倉時代・重文）等。參觀四天王或十二神將之類的群像時，彼此間的動、靜等呼應關係是可看的重點。

○雕刻在木板上的十二必看神將

安放在興福寺國寶館的板雕十二神將立像（板雕・平安時代・國寶）是在每片厚約三公分的檜木板上各浮雕一尊神像。十二尊神將充滿幽默感的律動栩栩如生，讓人幾乎忘記這是板雕作品。

天部❻

吉祥天

↙帶來財富與幸運的女神

哇，好漂亮的女生
一定很受異性喜愛，真羨慕！
比不上我家老婆呢！
哼哼哼
四天王的多聞天？
單獨時稱毘沙門天喔
您剛剛說老婆？您有太太嗎!?
不行嗎？
嚇
啊
哼哼哼
我是他的妻子，吉祥天
是福德女神喔

○吉祥天簡介

意義：吉祥是繁榮・幸運的意思。本來是印度神話中代表美麗與幸福的女神，引進佛教後就成為毘沙門天的妃子，是會帶來美麗・幸運・財富的福德女神。

姿勢：呈現唐（中國）貴婦的姿態，身著優雅的衣裳。通常右手結與願印，左手拿可實現願望的如意寶珠。

特徵：在日本是從奈良時代才開始受到信仰，不過信眾主要集中在貴族階級。曾經是美女的代名詞，但是到了鎌倉時代，受歡迎的程度被弁才天取代。

○以「美女佛」而聞名的吉祥天像是備受呵護的千金小姐

以吉祥天而聞名的是淨琉璃寺**（京都府木津川市）的吉祥天立像〔木造・鎌倉時代・重文〕**。象徵

知名的美人～
與其說是天神，更像是人像。
喔。
以前提到吉祥天，就是美人的代名詞喔！
呵呵呵
後來被弁才天搶走我的人氣
嘀咕
吉祥天的辨識方法
POINT
以中國貴婦為原型，呈現適合美女的華麗姿態。
女性柔和的神情
細長眼睛、豐滿的葫蘆形臉孔，據說是當時美人的象徵。
寶冠
下垂長髮
及肩長髮或是綁起美麗的束髮。
瓔珞
以繩串起珠寶的飾品。
如意寶珠
左手通常拿著可實現任何願望的如意寶珠。
與願印
每天膜拜的話，我也會變漂亮吧
中國風服飾
唐（中國）貴婦的裝扮。
越看越像是美女與野獸的組合—
妳剛剛說什麼？
不，沒什麼……

美人的細長眼、擦白粉，豐滿的葫蘆臉型加上擦了紅色口紅的小嘴，看起來變可愛的。佛像高九十公分，屬於小型佛像。被收入精美櫃中的模樣，就像是備受呵護的千金小姐一般。

○也有與先生、小孩一起被供奉的吉祥天

法隆寺金堂（奈良縣斑鳩町）的釋迦三尊像旁，**吉祥天立像（木造・平安時代・國寶）**與其夫毘沙門天一起受到供奉。這裡的吉祥天仍舊殘留的美麗色彩，非常值得一看。

另外，毘沙門天與吉祥天有一個稱為善膩師童子的小孩。**鞍馬寺靈寶殿（京都市）**裡就有跟小孩善膩師童子一起擔任毘沙門天的脇侍之**吉祥天立像（木造・平安時代・國寶）**。

天部⑦

弁才天

象徵財富與音樂的女神

微風徐徐
好天氣在戶外看書心情真舒暢呢—
佛像
啊!
您是不是受歡迎程度比吉祥天還高的人氣美女弁才天?
什麼美女
我只是庶民派而已啦—
您是
音樂之神?
是啊
不過,不只有音樂,我也會帶來智慧、財富
財
福
智
惠
說到這,清洗金子就會提升金錢運的錢洗弁天也是弁天團隊吧!
水流聲

○弁才天簡介

意義:原來是印度神話中的女神・Saraswati,梵語指神聖的河川,也被視為水神。被引進佛教後,在日本結合水神信仰成為農業之神而普傳民間。另一方面,河川的水流聲被比喻為音樂,所以也被尊為音樂之神。一般人熟悉的名稱是「弁天」。

姿勢:初期多為一面八臂像(有八隻手),手持弓、箭、羂索、寶塔等物,常見的樣貌是頭戴寶冠的中國貴婦風。平安時代以後,變成一面二臂像,鎌倉時代以後完全變成人類的樣貌,也有裸體,手抱琵琶的形像。

特徵:近年來,帶來財富的利益功德不斷被強調,所以也稱為弁財天,亦屬七福神之一。

我本來是水神為了鎮壓湖泊、池塘的鬼怪，所以水邊經常建造供奉弁才天的弁天堂。
原來如此，三大弁才天位於神奈川的江之島、廣島的嚴島、琵琶湖上的竹生島。
都在水邊！
water
弁才天的辨識方法
POINT
初期是一面八臂像，不過平安時代以後，就成為一面二臂像並且手抱琵琶。
往上盤的頭髮
一面八臂像的頭上有宇賀神。
琵琶
鎌倉時代以後多見手抱琵琶。一面八臂像則會手持箭．刀等武器。
女性柔和的神情
呈現當時面容豐滿的美人樣貌。
中國風服飾
身穿唐朝（中國）的貴夫人服裝。
才色兼備，真令人感到羨慕
也有頭上戴著盤捲的蛇身卻有著老人臉孔的「宇賀神」，稱為宇賀弁才天。
宇賀神
宇賀弁才天
跟我家爺爺一模一樣！

○頭上戴著宇賀神的八臂像

經常看到八臂弁才天的頭上戴著宇賀神。宇賀神是掌管穀類與食物的日本特有神明，一般的造型是盤捲的蛇身卻有著老人的臉孔。頂戴宇賀神的弁才天稱為宇賀弁天。**江島神社（神奈川縣藤澤市江之島）的八臂弁財天像、寶嚴寺（滋賀縣長濱市竹生島）的大弁財天像（※六十年開龕一次，下回開龕為二〇三七年）、大願寺（廣島縣二十日市市嚴島）的弁財天像**（※秘佛）是知名的日本三弁天。

○手抱琵琶的多為二臂像

以二臂像聞名的是鶴岡八幡宮**（※寄存鎌倉國寶館）的弁才天坐像（木造．鎌倉時代．重文）**，弁才天手抱真正的琵琶。身上只纏著腰布的裸體像，只有受供奉時才會穿上衣服。

其他天部的辨識方法

八部眾

釋迦牟尼佛的部下。佛法的守護神

【意義】守護佛教及信眾的八尊守護神。原屬印度教神明的鬼神、戰神、動物神等等，因為聽了佛陀開示、引導而成為守護佛法的神明。

【姿勢】擁有獸臉的獸面形、呈現武士之姿的武將形、如阿修羅般的三面六臂等等，具有各式各樣的變化。

可以參觀八部眾的地方 ○

安置於興福寺國寶館（奈良市）的八部眾立像〔脫活乾漆造．奈良時代．國寶〕中，以阿修羅像最有名。若是興福寺的八部眾，則以五部淨、沙羯羅、鳩槃荼、畢婆迦羅等替換天、龍、夜叉、摩睺羅伽。

阿修羅

八部眾的成員

※天、龍、夜叉以外的說明請參照二十八部眾。

01 天
隸屬天部神明的總稱，呈現各式各樣的姿態。

02 龍
棲息水中，會帶來雲、雨的龍王總稱。守護佛教的八大龍王很著名。

03 夜叉
原本是印度的惡神，聽佛陀說法後皈依佛教。

04 乾闥婆

05 阿修羅

06 迦樓羅

07 緊那羅

08 摩睺羅伽

二十八部眾

千手觀音的部下。以各種力量守護信眾的守護神群組

難陀龍王

【意義】守護信仰千手觀音的信眾之二十八尊守護神。

【姿勢】原本是印度的神明，所以呈現武將、尊神、獸面神等多樣的姿態。

可以參觀二十八部眾的地方○

三十三間堂〔蓮花王院〕（京都市）有完整的二十八部眾立像〔木造．鎌倉時代．國寶〕，與風神．雷神一起安置於千尊千手觀音像之前。

二十八部眾的成員

※順序按照三十三間堂的堂內北側起依序安放的位置。
※★號表示包含在八部眾內。

01	**那羅延堅固**	金剛力士像的阿形。
02	**大弁功德天**	福德女神，與吉祥天視為同一。
03	**緊那羅王★**	擁有優美聲音的音樂之神。
04	**金色孔雀王**	即為孔雀明王。
05	**大梵天**	即為梵天。
06	**乾闥婆王★**	帝釋天的隨從。天界的樂師，與緊那羅王配為一組。
07	**滿善車王**	夜叉（印度神話的鬼神，皈依佛教後成為守護神）。與滿仙王視為同一。
08	**沙羯羅龍王★**	出現在印度神話的八大龍王之一。
09	**金大王**	右手持三鈷杵，呈現武將姿態。
10	**金毘羅王**	恆河裡的鱷魚神格化後的神。與十二神將的宮毘羅大將視為同一。
11	**五部淨居天★**	住在天上界的神。
12	**神母天**	與鬼子母神視為同一。
13	**東方天**	四天王之一，即為守護東方的持國天。
14	**毘樓勒叉天**	四天王之一，即為守護南方的增長天。
15	**毘樓博叉天**	四天王之一，即為守護西方的廣目天。
16	**毘沙門天**	四天王之一，即為守護北方的多聞天。
17	**迦樓羅王★**	迦樓羅即為傳說中的金翅鳥，據信可吃掉煩惱。
18	**摩和羅女**	呈現老年女性樣貌的女神。
19	**難陀龍王**	印度神話的八大龍王，也居領導地位。
20	**婆藪仙人**	雖然落入地獄，不過進入佛門後獲得救濟的婆羅門僧侶。
21	**摩醯首羅王**	也稱為大自在天（原本是印度教的濕婆神）。
22	**畢婆伽羅王★**	帝釋天的隨從。也是十二神將中的毘羯羅大將。
23	**阿修羅王★**	與帝釋天對戰的戰神，皈依佛教後成為守護神。
24	**帝釋天**	印度古老的武神。
25	**散脂大將**	毘沙門天的隨從。鬼子母神之夫或子，吉祥天之兄。
26	**滿仙王**	夜叉（印度神話中的鬼神）。與滿善車王視為同一。
27	**摩睺羅伽王★**	摩睺羅指蛇的意思，是音樂之神。
28	**密迹金剛**	金剛力士像的吽形。

鬼子母神（訶梨帝母）

順產．育子之神

【意義】印度神話中，本來是會拐走並吃掉人類小孩的惡神，受佛陀規勸後皈依佛教。以守護小孩為使命而成為善神。也稱為訶梨帝母。

【姿勢】身著中國風的服飾呈現貴婦人模樣。手抱幼兒，持吉祥果（石榴）。順帶一提，石榴象徵多產。

鬼子母神

可以參拜鬼子母神的地方○

三井寺【園城寺】（滋賀縣大津市）的訶梨帝母倚像〔木造．鎌倉時代．重文〕很有名。

閻魔王

冥府（冥界法庭）之審判長

【意義】冥界（死後的世界）之王。負責裁罰死者生前所犯之罪。

【姿勢】穿著中國風的道服，右手持笏，看似憤怒神情的坐姿。道服是道教的道士所穿的服裝，笏指寫著亡者罪狀的木板。

可以參觀閻魔王的地方①○

白毫寺（奈良市）可以看到閻魔王坐像〔木造．鎌倉時代．重文〕，或是康圓製作的太山王坐像等閻魔系列的佛像。

閻魔王

十王

冥府（冥界法庭）之判官

【意義】人死進入地獄後，會依序出現十個人【秦廣王．初江王．宋帝王．五官王．閻魔王．變成王．泰山王．平等王．都市王．五道轉輪王】來裁判此人生前的行為。這十個人就稱為十王。。

【姿勢】穿著中國風的衣裳，呈現嚴肅的表情。

可以參觀閻魔王的地方②○

圓應寺（神奈川縣鎌倉寺）的本堂供奉著以閻魔王坐像〔木造．鎌倉時代．重文】為中心的十王。

在這當中的初江王坐像〔木造．鎌倉時代．重文〕是鎌倉國寶館（神奈川縣鎌倉市）所寄放的。

初江王

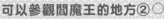

大黑天

財富・生意興隆之神

【意義】本來在古印度是戰神，引進佛教之後成為財富・生意興隆的神而受到普遍的信仰。

【姿勢】七福神之一，溫和表情，手持萬寶槌，世人習慣的肩上背著大袋子的福德神是後期的樣貌。古代初期的樣貌延續戰神時期的性格而呈現嚴肅表情。

呈現憤怒表情的初期大黑天

可以參拜大黑天的地方

觀世音寺（福岡縣太宰府市）的大黑天立像〔木造・平安時代・重文〕以及松尾寺（奈良縣大和郡市）的大黑天立像〔木造・鎌倉時代・重文〕等可以看到苗條、嚴肅神情的初期形像。另外，延曆寺（滋賀縣大津市）的大黑天立像〔木造・鎌倉時代・重文〕則呈現溫和表情。是福德神像的早期作品。

溫和表情的後期大黑天

其他也有以技藝（音樂等）之女神而受到信仰的伎藝天、守護伽藍的韋馱天等，都是天部的一員。

歡喜天

帶來現世利益之神

【意義】也稱為聖天，是帶來財運的神明而廣受庶民信仰。

【姿勢】多見象頭人身的兩神互相擁抱的模樣。

可以參拜歡喜天的地方

許多供奉歡喜天的寺院都將佛像列為絕對秘佛而不公開，其中常光寺（奈良市）的歡喜天像〔銅造・江戶時代・縣指定文化財〕每年一次在六月六日特別開龕供民眾參拜。

歡喜天

COLUMN 5

佛像光背指南

如來或菩薩利用身體放出來的光芒救濟世人，表現如來特徵的三十二相中就有丈光相。這樣的光就是所謂的「後光」，以眼睛看得到的形式呈現的就稱為光背。光背大致可分為從頭上發出的頭光、從身體發出的身光，以及頭光合併身光的舉身光。最常見的是頭光與舉身光。

頭光群組

圓光

以圓圈代表光芒。是光背的基本形。常見於古代的佛像。

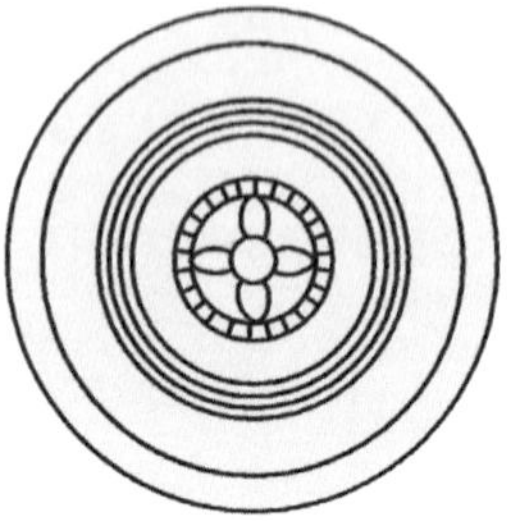

放射光

呈放射狀綻放的光芒。可見於阿彌陀佛或地藏菩薩。

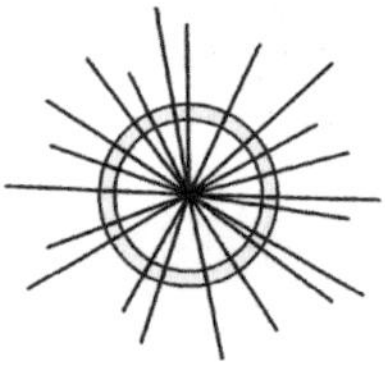

輪光

圓狀的光。可見於地藏菩薩或天部。

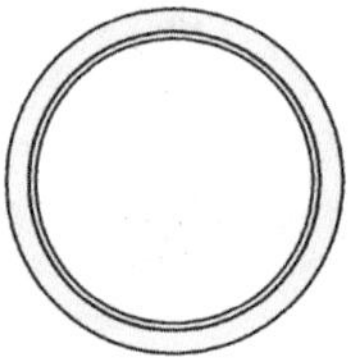

寶珠光

代表如意寶珠，上端尖形如桃狀。常見於菩薩像。

舉身光群組

飛天光

二重圓光的周圍還有天女（飛天）在上飛舞。

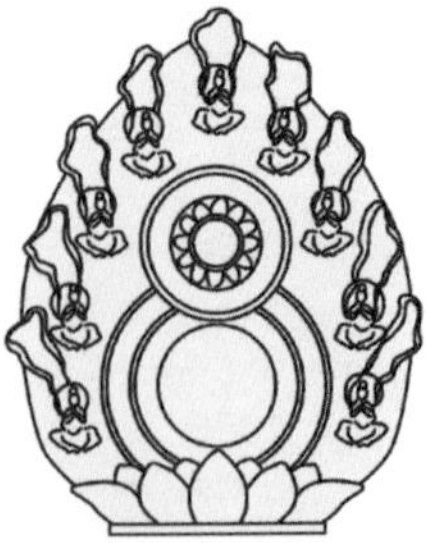

二重圓光

頭光加身光，以雙重圓圈代表光芒。

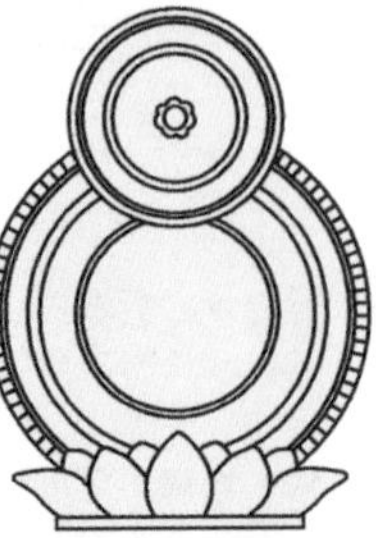

舟形光

象徵一朵蓮花，也類似船的形狀。

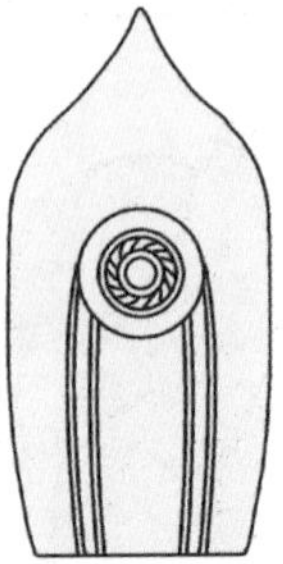

火焰光

代表熊熊燃燒的火焰。常見於明王的忿怒相。

第五章 其他佛像

其他佛像❶

垂迹神

↙改變樣貌而成為日本特有的佛像

踏踏踏
為了參拜佛像而鍛鍊體力，小佛真的幹勁十足呢！
喝
喝
喝
藏王權現也是神像團隊的吧？
明明是神的樣貌，卻是佛像，這是怎麼回事？
日本本來就有很多古老的神明。
例如天照大神之類的？
天照大神
嗯
後來佛教傳來日本，世人不知道該信仰哪一邊而煩惱不已！
佛
神
說到這，就是飛鳥時代贊成佛教的蘇我氏跟反對佛教的物部氏的戰爭吧！
贊成！
反對！
蘇我氏
物部氏
啪嗒
啪嗒

○垂迹神誕生的背景：

神佛調和

奈良時代，由於日本既有的神明與外來的佛教共同受到信仰，所以就產生「神佛一體」這種神佛調和的觀念。

○何謂垂迹神

根據神佛調和的觀念，「神本來的境界與佛一樣，佛為了救濟世人而化身為神」，於是產生了本地垂迹觀念。本地就是「根本的境界」，垂迹意味「神佛現身」。根據這個觀念而呈現出來的佛像就稱為垂迹神。

○主要的垂迹神

佛像的作品不多，知名的除了藏王權現之外，還有八幡神以僧侶姿態呈現的僧形八幡神。東大寺八幡殿的僧形八幡神坐像（木造・鎌倉

後來就思考兩者是否能夠共存，最後產生融合神與佛的「神佛調和」觀念。
如果大家一起的話，就不會吵架了
神
佛
神佛調和
在這當中就產生「佛化身為神前來救濟世人」的想法。
根據這樣的想法而製作出日本特有的神像。
我就是其中之一
藏王的辨識方法
POINT
高舉右手・右腳，充滿躍動感的姿態。
三鈷杵
高舉的右手上持著可擊敗惡魔的三鈷杵。
怒髮
由於發怒，所以頭髮豎立。
忿怒相
一面三目二臂
一張臉、三隻眼，雙手的模樣。
刀印
具有斬斷煩惱含意的印相。結印的手插在腰上。
為了踩碎惡魔而抬高右腳。
藍黑色
全身呈現藍黑色。藍黑色代表豐厚的慈悲心。
盤石
指又硬又大的岩石。表示沒有迷惘而安定的心。
藏王權現是修驗道宗派的本尊。
呼
吸
呼
吸
跟現在的我一模一樣

時代・國寶※每年十月五日特別開龕）是佛師・快慶的優選之作。

○藏王權現簡介

意義：正式名稱為金剛藏王權現。權是「暫時假借」的意思，權現指佛以神的姿態現身的意思。

姿勢：右手・右腳高舉的姿態呈現從山上躍出的模樣。

○以藍色燃燒的身體展現威力的藏王權現

藏王權現據信是山岳信仰結合密教而產生的。山岳信仰的最大據點**金峯山寺（奈良縣吉野町）**有被供奉為本尊的**藏王權現立像（木造・安土桃山時代・重文）**。藍色身體高達六到七公尺的三尊像，具躍動感的怒視散發出強大威力，是讓人看了倒抽一口氣，具震撼力的神像。

其他佛像❷

羅漢

完成修行並開悟的聖者

報告馬上就要完成了！
加油！要堅持到最後。
嚴肅神情
小佛 妳長大了
羅漢？
嗯，抱歉
羅漢指佛教中完成修行且悟道的人，不是個人的名字。
順帶一提，正式名稱是阿羅漢。
羅漢的代表是佛陀的十位高徒，稱為十大弟子。
十大弟子
佛陀
然後，我是其中之一。
目犍連

○羅漢簡介

意義：羅漢是阿羅漢的簡稱，指佛教中完成修行且悟道的聖者。佛陀的高徒與最高位階的修行僧即為阿羅漢。

姿勢：多見剃髮，穿樸素的衣服。

特徵：通常是多數一起受到供養，例如十大弟子、十六羅漢、五百羅漢等。

○佛陀的高徒「十大弟子」

佛陀有眾多弟子，在這當中擁有特別能力且受佛陀極度信賴的十位高徒稱為十大弟子。分別是舍利弗・目犍連・大迦葉・阿那律・須菩提・富樓那・迦旃延・優波離・羅睺羅・阿難。知名的作品有**興福寺（奈良市）的十大弟子立像（脫活乾漆造・奈良時代・國寶）、清**

十大弟子指弟子中擁有特殊才能的人吧！
其中目犍連的才能是……
神通第一……超能力！好厲害喔！
平常總是十個人一起，所以單獨受到這樣的稱讚還蠻高興的—
羅漢的辨識方法（目犍連）
POINT
剃髮的僧侶樣貌。
剃髮
剃光頭。
袈裟
穿著僧侶所穿的袈裟。為了呈現正在進行嚴格的修行，所以身穿樸素的服裝。
我也來找找跟自己很像的羅漢吧
像十六羅漢或五百羅漢那樣，以團體型態出現，也是羅漢的特徵。
據說在羅漢中一定會找到一位長得跟父母或認識的人很像的羅漢。
一大排
團體！
好奇張望
父
母
父母……也就是說

涼寺（京都市）的十大弟子立像（木造．平安時代．重文），以及以快慶之作而聞名的千本釋迦堂（大報恩寺）（京都市）的十大弟子立像（木造．鎌倉時代．重文）。

○跟隨佛陀的佛弟子

「五百羅漢」

五百羅漢指佛陀涅槃後，集結經典時聚集而來的五百名佛弟子。因為這個緣故，每個人都負責運用各自的能力將佛法傳到後世。江戶時代以後製作許多五百羅漢像，例如**五百羅漢寺（東京都目黑區）的五百羅漢像（木造．江戶時代．都指定文化財）**。其中也有許多石佛，**喜多院（埼玉縣川越市）或石峰寺（京都市）**的石佛很有名。例如喜多院的五百羅漢，有的說悄悄話，有的看書，也有的做出幽默的表情等等，能夠看到如此多樣化的表現是五百羅漢像受歡迎的原因之一。

高僧・祖師

成為信仰對象的真實人物

佛像的基礎知識幾乎都已經熟悉了
洋芋片
最後就是高僧與祖師！
興福寺北圓堂的無著・世親一定要看！
唐招提寺的鑑真也不能錯過
等等！
噹
京都大原
三千院
京都如何呢？
京都市六波羅蜜寺的空也上人！
不錯─不錯─
別太興奮啊─

○高僧・祖師簡介

意義：為推廣佛教而做出貢獻的高僧或宗派祖師（開山祖師）等實際存在的人物，由於成為信仰的對象，所以被製成佛像供奉。

姿勢：多半身穿袈裟或僧衣，呈現僧侶的樣貌。

特徵：以實在人物為原型，所以佛像看起來真實且個性多樣。

○肖像雕刻的傑作：無著・世親像

無著（兄）與世親（弟）在五世紀左右活躍於北印度，是確立法宗教學的兄弟檔學僧。興福寺北圓堂（奈良市）的無著・世親立像（木造・鎌倉時代・國寶）是運慶一門之作。被評為日本肖像雕刻的傑作。

○奈良時代的肖像雕刻，鑑真像

唐代知名高僧鑑真歷經五次渡海

最初為什麼要製作偉大高僧的作品呢？
當佛教普及，受尊敬的高僧也成為信仰的對象了。
因此而成為佛像的一種
佛像都是以僧侶的模樣呈現的吧？
是這樣沒錯，但沒有像其他佛像那樣，有固定的表現形式，所以非常具有創意，是精采可看的地方
沒錯沒錯，有許多優秀作品，列為國寶的佛像也有許多類型。
好的，萬事俱備！
先從奈良開始吧。我出發囉！
慢走～

失敗，最後雖然已經失明，仍舊堅持渡海訪日。後來在東大寺設立戒壇（舉行授戒儀式之壇場），建立**唐招提寺。與鑑真有因緣的唐招提寺（奈良市）裡安置著鑑真和尚坐像〔脫活乾漆造・奈良時代・國寶※秘佛：每年六月特別公開數日〕**。

○不同年齡的多種樣貌：聖德太子像

聖德太子過世後，「太子信仰」逐漸普及。由於這樣的背景，所以做出許多不同年齡的聖德太子像。知名的有雙手合十唱誦「南無佛」的南無佛太子像（二歲像）、頭髮束在耳旁的童子形太子像（七歲像）、祈願父・用明天皇身體康復的孝養太子像（十六歲像），以及呈現聽講勝鬘經姿態的勝鬘經講讚太子像（三十五歲像）等。與聖德太子有因緣的法隆寺中，也安置法**隆寺聖靈院的聖德太子坐像〔木造・平安時代・國寶※秘佛：一年僅數日特別公開〕**。

佛師導覽

製作佛像的專家稱為佛師，日本最遠的歷史可以追溯到飛鳥時代。

《飛鳥時代》

止利佛師

大陸渡海來日者的後裔，是日本第一位正式的佛師，也稱為鞍作止利。左右對稱、古拙微笑、杏眼等為其作品的特徵。在中國·北魏的風格裡又添加神秘的新風格，此神秘的風格也稱為「止利風格」。對飛鳥時代的佛像製作有重大的影響。

【代表作品】法隆寺金堂的釋迦三尊像、飛鳥寺的釋迦如來坐像

山口大口費

據說是漢人渡海來日的後裔。根據《日本書記》的記載，西元650年山口大口費接受天皇的命令製作千佛。做出異於止利風格的優異飛鳥佛。由於那樣的風格，所以後人推斷法隆寺的百濟觀音可能也是山口大口費的作品。

【代表作品】法隆寺金堂的廣目天像（四天王立像之一）

《奈良時代》

國中公麻呂

百濟滅亡後，渡海來日的歸化者後裔。746年被派任為東大寺造佛長官。除了盧舍那佛坐像之外，據傳也參與法華堂諸像、東大寺戒壇堂的四天王等多尊佛像的製作。

【代表作品】東大寺盧舍那佛坐像

《平安時代》

康尚

深受藤原道長等人重用，活躍於平安時代中期。據傳可能是定朝之師或父親。是設立佛所，也就是製作佛像工作室的人物。

【代表作品】同聚院（東福寺塔頭）的不動明王坐像

定朝

活躍於平安後期。確立寄木造的技法，此技法使製作巨型佛像變得容易。沉穩的表情、優美的風格被稱為「定朝風格」，對這時代的佛像製作產生重大影響。

【代表作品】平等院鳳凰堂的阿彌陀如來坐像

《平安時代後期～鎌倉時代》

慶派

參與南都復興的工作，以興福寺為據點活動，所以也稱為奈良佛師。

院派

加入定朝之孫院助風格的流派。受京都貴族重用。

【代表作品】法金剛院的阿彌陀如來坐像（院覺作品）

圓派

加入定朝弟子·長勢風格的流派。受京都貴族重用。

【代表作品】大覺寺的五大明王像（明圓作品）

康慶

慶派之祖，也是運慶之父。奠定慶派的基礎。

【代表作品】興福寺南圓堂的不空羂索觀音坐像

運慶

參與奈良各大寺與關東地區的造佛工作。具有動感與寫實風格，確立鎌倉新風格。

【代表作品】東大寺南大門的金剛力士立像、興福寺北圓堂的無著·世親立像

快慶

康慶的弟子。在寫實的基礎上加入藤原風格與宋朝風格，也確立了所謂安阿彌樣的新風格。

【代表作品】東大寺南大門的金剛力士立像、淨土寺的阿彌陀三尊像

湛慶

運慶長男。繼承慶派並且在運慶風格加入宋朝元素，展開洗鍊作風。

【代表作品】三十三間堂的千手觀音坐像

運慶的金剛力士像非常具有吸引力呢

第六章 參拜佛像

參拜佛像❶

東大寺・南大門的金剛力士立像

目送佛像們回去之後，小佛我出發前往奈良。
小佛慢走！
轟隆
—最先來到供奉奈良大佛的東大寺。
哇—有好多鹿喔！
南大門〔国宝〕
心臟噗通噗通跳！
穿過南大門時，兩邊有金剛力士像。

慶派的傑作之一，金剛力士立像

○東大寺DATA

所在地：奈良市雜司町406—1

交通：從近鐵奈良車站走路約二十分鐘。搭市內巡迴公車，從JR・近鐵奈良車站出發約四分鐘，在「大佛殿春日大社前」下車，走路五分鐘。

佛像列表：**金剛力士立像**（木造（阿形：像高約836公分、吽形：像高約842公分）・鎌倉時代（1203年）・國寶）。

○東大寺的歷史背景

東大寺是華嚴宗的大本山。占地面積三十五萬平方公尺的寺院裡，除了大佛殿，還有法華堂等諸堂散布其中。

由於位處平城京的東方位置，所以東邊的大寺就命名為「東大寺」。勝武天皇發布「國分寺之詔」而成為大和國國分寺。天平十五年

金剛力士立像【國寶】
咻
哇，看起來好像風吹得天衣都飄起來了……
小佛筆記
從下往上看時，為了感受佛像的威力，所以上半身做得相對較大。
好結實的肌肉，連血管都浮出來了……
製作的是由運慶監製的慶派團隊啊—
阿形、吽形各由大約三千個部分組成
嗯嗯
能夠在兩個月左右的時間完成高達八公尺的大佛像，就是因為有「寄木造」這種分工製作的技法的緣故呢！

（743）開始製作盧舍那佛。

○南大門為東大寺的正門

南大門〔國寶〕創建於奈良時代，不過由於颱風與戰火而被燒毀，現在的大門是鎌倉時代重建之物。南大門是以中國・南宋的建築風格為基礎而建立的新風格，也稱為「大佛風格」。

○六十九天完成的金剛力士立像

據說是採分工制度以及有效率的寄木造技法，僅僅花六十九天就完成佛像的製作。運慶、快慶、定覺、湛慶（運慶的長男）等都有參與，不過據信是運慶擔任監督之責而完成佛像製作。

○阿吽左右相向

阿吽像為了守護寺院抵禦佛敵，所以通常是面向寺外。不過，東大寺的阿吽像則是面對面，而且左右與一般的陳列相反，面對佛像的右邊是吽形，左邊是阿形。

東大寺・大佛殿的盧舍那佛坐像

八角燈籠【國寶】
就在大佛殿前面！
小佛筆記
日本最古老的銅製燈籠。四面各有演奏樂器的音聲菩薩樣貌。
哇，好漂亮。許多人都直接路過，真是太可惜了！
——終於進入大佛殿（金堂）裡面
盧舍那佛坐像【國寶】

除了宏偉的氣勢之外，必看佛像的莊嚴面容

○大佛殿（金堂）DATA

所在地：東大寺院內

開放時間：7點30分～17點30分（4～9月※10月17點）；8點～16點30分（11～2月※3月17點）。

佛像列表：**盧舍那佛坐像**〔銅造（像高1498公分）．奈良～江戶時代．國寶〕。**如意輪觀音坐像**．**虛空藏菩薩坐像**〔木造（像高均為700公分）．江戶時代．重文〕。

○大佛殿是世界最大的木造建築物

雖是江戶時代重建的建築物，不過由於正面寬度比奈良時代創建時更為狹窄，可見創建當時的規模之龐大。

○大佛的歷史背景

傳染病肆虐與農作物欠收情況毫無改善跡象，所以聖武天皇在天平十五年（743）發願製作盧舍那

好大喔
Big!
真的，好大。真不愧是宇宙絕對存在的盧舍那佛。
脇侍的虛空藏菩薩
咚！
近看
連花瓶、停在上面的蝴蝶也都很巨大！
小佛筆記
雙手在安土桃山時代、頭部・腹部・雙腳・光背等在江戶時代修復過，台座則從奈良時代就一直保存至今。台座的蓮花瓣上可以看到呈現蓮花藏世界的線刻畫。
放大
對於講究細膩的工作態度覺得很感動……

佛。由於是國家規模的大工程，政府從地方召集許多民眾，據說當時有半數國民都與佛像製作工程有關。順帶一提，九六六個螺髮全數裝在佛像頭上就花了約三年時間。最後，盧舍那佛終於在天平聖寶四年（752）完成。

○在青銅像中為世界最大

巨大的手掌長度達二五六公分，不過據說創建時期比現在還要大上一倍。雖然大家都很容易聚焦在佛像的巨大程度，不過一定要看佛像威嚴的神情，特別是側臉非常美。

○脇侍是江戶時代具代表性的佛教雕刻

大佛殿裡的盧舍那佛之外，其他佛像都是江戶復興時期的作品。左脇侍的如意輪觀音、右脇侍的虛空藏菩薩，都是與盧舍那佛相襯，高達七公尺的大型佛像。

東大寺・法華堂的不空羂索觀音立像及其他

法華堂【國寶】
雖然不像大佛殿那樣擁擠，不過法華堂是愛好佛像者的人氣景點呢！
哇啊…！
四天王立像【國寶】
梵天・帝釋天立像【國寶】

天平的明星佛像齊聚一堂

○法華堂DATA

所在地：東大寺院內

開放時間：7點30分～17點30分（4～9月※10月17點）；8點～16點30分（11～2月※3月17點）。

佛像列表：**不空羂索觀音立像**（脫活乾漆造（像高362公分）・奈良時代・國寶）、**梵天立像**（脫活乾漆造（像高402公分）・奈良時代・國寶）、**帝釋天立像**（脫活乾漆造（像高403公分）・奈良時代・國寶）、**四天王立像**（脫活乾漆造（像高300～310公分）・奈良時代・國寶）、**金剛力士立像**（脫活乾漆造（阿形：像高326公分、吽形：像高306公分）・奈良時代・國寶）。※**秘佛・執金剛神立像**（塑造（像高107公分）・奈良時代・國寶）每年十二月十六日公開。

不空羂索觀音立像【國寶】
小佛筆記
據說是聖武天皇與光明皇后為了憑弔早逝的兒子所造的佛像。合掌的雙手中間夾一個水晶寶珠，寶冠上鑲嵌二萬數千個寶石。
莊嚴二字就是用在這種地方的吧
脇侍的梵天與帝釋天高大魁武兼具力與美……
真不愧是天平的明星佛像們…

○法華堂的歷史背景

法華堂是東大寺諸堂中最古老的建築物。農曆三月份會舉辦法華會，所以也稱為三月堂。

○知名的不空羂索觀音為天平雕刻的傑作

正面有銀化佛（阿彌陀佛）的寶冠上鑲嵌了二萬數千顆翡翠與水晶等寶石。天平美術的精緻工藝一定要看。

○天平雕刻的寶庫

通常安置的有本尊不空羂索觀音、脇侍梵天．帝釋天，武裝姿態非常罕見的金剛力士（阿吽）、四天王等九尊佛像。從正面看的話，佛像群若隱若現，形成絕妙的配置，不過這樣更展現出明星佛像群的魅力。

順帶一提，梵天與帝釋天的尺寸比本尊還大，所以也有一說並非原本的脇侍。即便如此，宏偉有力的氣勢仍舊與本尊相當。

參拜佛像④

東大寺・戒壇堂的四天王立像

寂靜～
一直到大佛殿都好多人，稍微遠一點的距離就完全沒有人。
不只是法華堂的佛像群，戒壇堂的四天王像也是天平雕刻的傑作呢！
嘴型呈現ㄟ形，壓抑心中怒氣的多聞天。
怒目對峙的持國天。
張嘴呈現憤怒神情的增長天。
凝視遠方，理智的廣目天。
四天王立像【國寶】

天平雕刻的傑作，帥氣的四天王

○東大寺戒壇堂DATA

所在地：東大寺院內

開放時間：7點30分～17點30分（4～9月※10月17點）；8點～16點30分（11～2月※3月17點）。

佛像列表：**四天王立像**（塑造・奈良時代・國寶）。

持國天（像高160・6公分）

增長天（像高165・4公分）

廣目天（像高162・7公分）

多聞天（像高16・5公分）

○何謂「戒壇」

出家者要成為正式僧侶前必須受戒，舉行該儀式的地方就稱為戒壇。

○戒壇堂的歷史背景

由於日本沒有傳戒的高僧，所以從唐（中國）邀請傳法授戒的名師鑑真。經過六次度航最後終於抵達日本的鑑真，在天平聖寶六年

以各種表情與動作呈現內心情緒，感動得說不出話來……
嚴肅神情
尖銳的眼神
廣目天比傳聞說的更帥～
前面兩尊是對照的，內側的手彎曲，外側的腳抬起，四尊佛像呈現平衡之美，非常漂亮！
對照
四尊呈現平衡之美！
佛像的衣服本來有花紋，以前顏色也很鮮豔。
啊，仔細看會發現有些地方還有顏色殘留！
擠壓
不過邪鬼看起來很有喜劇風格，一點都不覺得討厭哪——
倒不如說很可愛呢

（754）抵達平城京。在東大寺・大佛殿前設立戒壇，為聖武上皇、光明皇太后等人授戒。隔年，日本第一個正式的戒壇院創建於東大寺內。現在的建築物是江戶時代重建的。

○佛像界的帥哥

因為容貌俊美，所以也被稱為佛像界的帥哥。另外，四天王立像也被評為「具備理想古典美的佛像。」

○與那個知名佛像出自同門!?

塑造的這種技法流行於奈良時代後期，不過很快地就被別的技法替代，所以現存的塑像不多。四天王立像本來並非安置於戒壇堂裡的佛像，是江戶時代重建戒壇堂時，才從其他堂移放過來的。從四天王像的風格來看，可能與法華堂的執金剛神像、東大寺博物館的日光・月光菩薩像屬同一個工作室的作品。

興福寺的阿修羅像（八部眾）、佛頭、無著・世親及其他

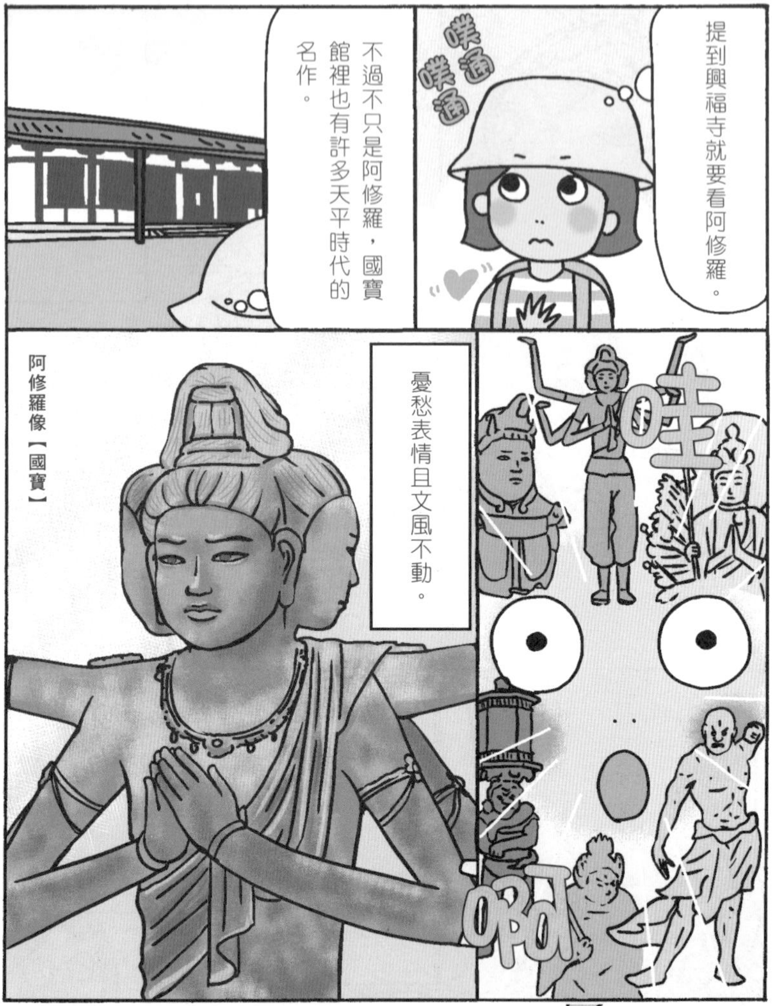
提到興福寺就要看阿修羅。
噗通噗通噗通
不過不只是阿修羅，國寶館裡也有許多天平時代的名作。
哇
啊
憂愁表情且文風不動。
阿修羅像【國寶】

集結奈良時代與慶派知名作品

○**興福寺DATA**

所在地：奈良市登大路町48

交通：從近鐵奈良車站走路五分鐘

開放時間：9點～17點 ※北圓堂・南圓堂只有特別公開時期才開放。

國寶館佛像列表：**八部眾立像**（脫活乾漆造（像高約50～160公分）・奈良時代・國寶）、**十大弟子立像**（脫活乾漆造（像高約150公分）・奈良時代・國寶）、**天燈鬼・龍燈鬼立像**（木造（像高約78公分）・鎌倉時代・國寶）、**佛頭**（銅造（像高98公分）・飛鳥時代・國寶）、**金剛力士立像**（木造（像高約154公分）・鎌倉時代・國寶）、**板雕十二神將立像**（板雕（厚約3公分）・平安時代・國寶）。

東金堂佛像列表：**維摩居士坐像**（木造（像高8・1公分）・鎌倉時代・國寶）、**文殊菩薩坐像**（木造（像高94公分）・鎌倉時代・國寶）、**四天

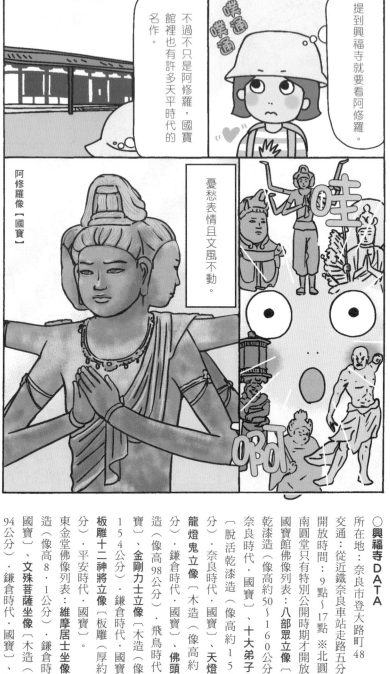

純真的眼神非常可愛。
五部淨像【國寶】
金剛力士立像 阿形【國寶】
呈現強而有力的美感。
誇張的姿勢很逗趣。
龍燈鬼立像【國寶】
白鳳的貴公子。
佛頭【國寶】
栩栩如生。彷彿馬上就要行動的感覺。
富樓那像【國寶】

王立像〔木造（像高１５３～１６４公分）・平安時代・國寶〕等。

南圓堂佛像列表：**不空羂索觀音坐像**〔木造（像高３３６公分）・鎌倉時代・國寶〕、**四天王立像**〔木造（像高１９７・２～２０６・６公分）・鎌倉時代・國寶〕等。

北圓堂佛像列表：**彌勒如來坐像**〔木造（像高１４１・９公分）・鎌倉時代・國寶〕、**無著・世親立像**〔木造（像高約１９０公分）・鎌倉時代・國寶〕等。

○興福寺的歷史背景

興福寺是以藤原鎌足為始祖的藤原氏之家寺。受武將平重衡火燒而嚴重毀損。鎌倉時代開始復興的工作，所以留下運慶等慶派佛師的多項作品。目前院內有北圓堂、三重塔、五重塔、東金堂〔以上皆為國寶〕、南圓堂〔重文〕等，中金堂目前重建中，預計二〇一八年完成。

興福寺還有很多值得看的喔！
GOGO!
怎麼說呢，我是選定南圓堂與北圓堂的特別開龕日來的嘛～
好，往南圓堂去。
南圓堂【重文】
不空羂索是運慶的父親．康慶之作品。
四天王立像【國寶】
不空羂索觀音坐像【國寶】
從這個角度看，好威喔～
然後，北圓堂的佛像是康慶的兒子．運慶之作。
北圓堂【國寶】

○國寶館的佛像群

【八部眾立像】

五部淨、沙羯羅、鳩槃荼、乾闥婆、阿修羅、迦樓羅、緊那羅、畢婆迦羅等八尊。此八尊都呈現少年模樣，為興福寺八部眾的特徵。其中的阿修羅佛像非常有名，「提到興福寺就要看阿修羅」。

【天燈鬼．龍燈鬼立像】

龍燈鬼是運慶的三男．康弁之作，也是現存唯一的作品

【舊山田寺佛頭】

原來是飛鳥的山田寺講堂的本尊，後來被供奉為東金堂的本尊。遭遇火災後去向不明，昭和十二年在東金堂本尊的台座中發現。

【金剛力士立像】

追求肌肉的線條，被評為鎌倉時代的金剛力士像名作。據說三十三間堂（京都市）裡，由湛慶工房出品的金剛力士像就是以此佛像為範本。

○東金堂的佛像群

就像跟文殊菩薩坐像正在進行問

世親像【國寶】
無著像【國寶】
無著的眼睛看起來好像淚眼迷濛。
因為是鑲嵌了玉眼的眼珠子。
我怎麼了，淚流不止……

答一樣，呈現精采對比的維摩居士坐像出自定慶之手。四天王立像從佛像到岩座都是以完整的一根木頭雕製而成，是平安初期雕刻的傑作。

○南圓堂的佛像群

本尊的不空羂索觀音坐像、法相六祖坐像都是運慶之父·康慶之作。極具動態的衣服皺摺可以窺見康慶的挑戰精神。

○北圓堂的佛像群

彌勒佛坐像、無著·世親像據信都是運慶監製之下所製作的作品。

○無著、世親是誰？

五世紀左右，印度唯識學派創始人的兄弟檔學者。北圓堂裡的無著像呈現內省而沉靜的表情，對比世親的動態表情，非常值得觀看。雖然是實際存在的人物，但是以佛像名作來說知名度很高。

參拜佛像❻

新藥師寺的十二神將立像

這附近景致幽雅，真好！
觀光客也不太多。
新藥師寺・金堂【國寶】
建築物看起來就像是大鵬展翼，是讓人感覺心情悠閒舒暢的建築物－
好像走進奈良時代的感覺。
青色既色，寧靜的奈良之都，美麗的花朵正盛開著
十二神將立像【國寶】
緊繃…
空氣中充滿緊繃的氣氛。
伐折羅大將
頭髮豎立。

十二神の名作

○新藥師寺DATA

所在地：奈良市高畑町福井1352

交通：從JR・近鐵奈良車站搭市內巡迴公車，約十分鐘在「破石町」下車，走路十分鐘。

開放時間：8點30分～17點（夏季18點）。

佛像列表：**十二神將立像**〔塑造（像高154～166公分）・奈良時代・國寶（※昭和時代修補的波夷羅大將除外）〕、**藥師如來坐像**〔木造（像高約190公分）・奈良時代・國寶〕等。

○新藥師寺的歷史背景

天平十九年（747）光明皇后為了祈願聖武天皇生病痊癒而下令創建。當時是大型寺院，擁有引以為傲的宏偉建築物，後來因火災等諸多因素而消失大半，現在只留下本堂（以前是別院）、門而已。

彈
音樂人的風格呢！
瞪
咦，被瞪了？
嚇
珊底羅
認真看的話……
嗯
十二神將各自帶領七千名部下的軍團呢！
原來如此，如果定下心來仔細看的話，就會發現具有武將風格。
誒，在笑嗎？
安底羅
心理作用！心理作用！
噗通噗通
不過，在內心跟佛像說話很自在呢！
長年以來，新藥師寺的十二神將一定也跟許多人聊了各種話題吧！

○為何是「新」藥師寺？

不是嶄新的意思，而是「供奉靈驗的藥師如來的藥師寺」之意。

○大方又有個性的藥師如來

本尊藥師如來坐像是日本一木造的作品中最大的佛像。平安時代初期特有的穩重體型以及睜大的雙眼非常具有個性。

○十二神將為天平雕刻的傑作

現存少有的十二神將當中，新藥師寺的十二神將立像以傑作而聞名。尺寸幾乎與真人一樣大，每尊神像自由展現各種不同姿勢，動作呈現律動感。

○國寶佛行蹤不明!?

白鳳佛的傑出作品，國寶的藥師如來立像（通稱．香藥師）在昭和十八年（１９４３）被盜。現在安置的是複製品。

佛像參拜MAP

奈良市中心&郊外

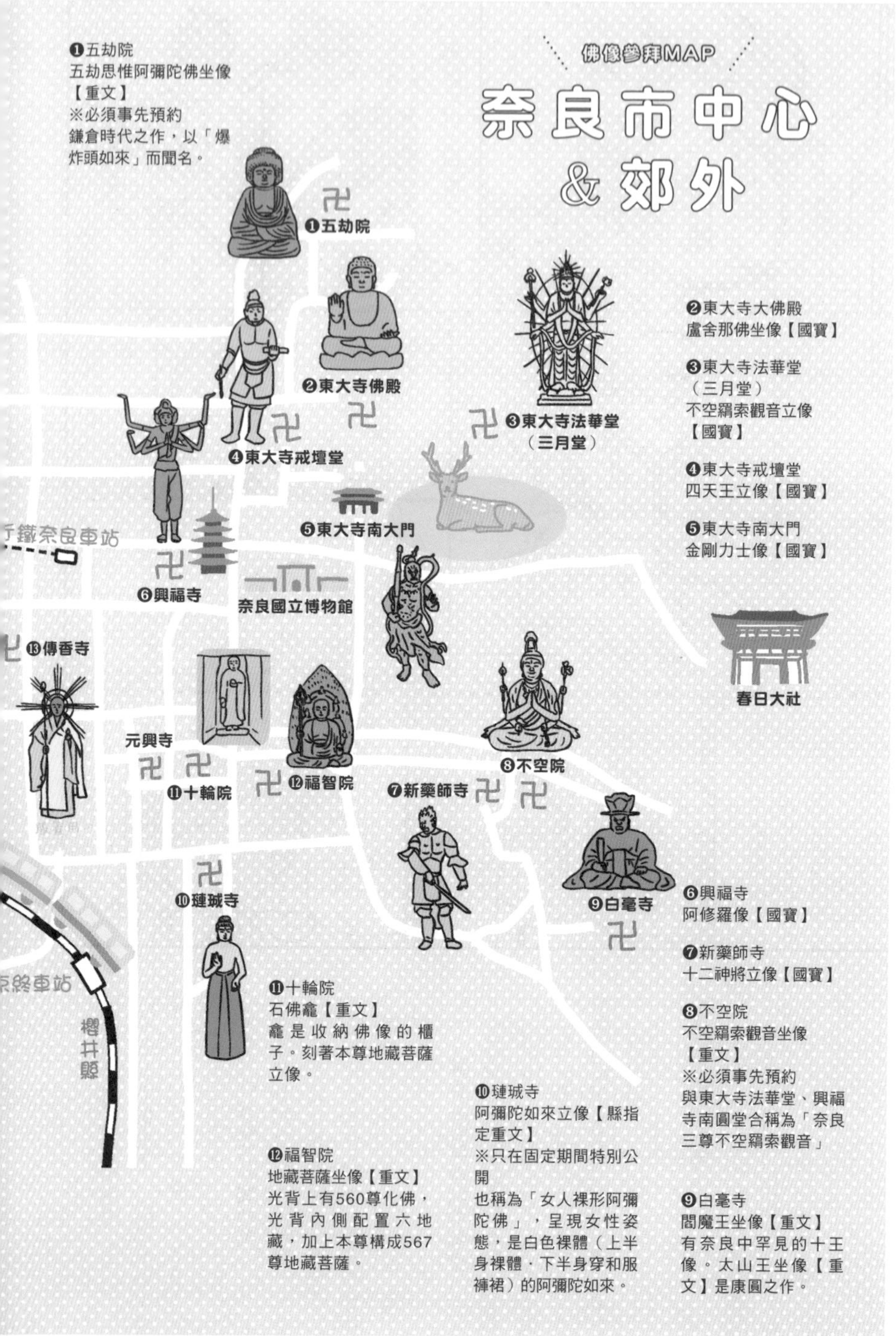
❶五劫院
❷東大寺佛殿
❸東大寺法華堂（三月堂）
❹東大寺戒壇堂
❺東大寺南大門
❻興福寺
奈良國立博物館
⓭傳香寺
春日大社
元興寺
⓫十輪院
⓬福智院
❽不空院
❼新藥師寺
❾白毫寺
❿璉珹寺

❶五劫院
五劫思惟阿彌陀佛坐像【重文】
※必須事先預約
鎌倉時代之作，以「爆炸頭如來」而聞名。

❷東大寺大佛殿
盧舍那佛坐像【國寶】

❸東大寺法華堂（三月堂）
不空羂索觀音立像【國寶】

❹東大寺戒壇堂
四天王立像【國寶】

❺東大寺南大門
金剛力士像【國寶】

❻興福寺
阿修羅像【國寶】

❼新藥師寺
十二神將立像【國寶】

❽不空院
不空羂索觀音坐像【重文】
※必須事先預約
與東大寺法華堂、興福寺南圓堂合稱為「奈良三尊不空羂索觀音」

❾白毫寺
閻魔王坐像【重文】
有奈良中罕見的十王像。太山王坐像【重文】是康圓之作。

❿璉珹寺
阿彌陀如來立像【縣指定重文】
※只在固定期間特別公開
也稱為「女人裸形阿彌陀佛」，呈現女性姿態，是白色裸體（上半身裸體．下半身穿和服褲裙）的阿彌陀如來。

⓫十輪院
石佛龕【重文】
龕是收納佛像的櫃子。刻著本尊地藏菩薩立像。

⓬福智院
地藏菩薩坐像【重文】
光背上有560尊化佛，光背內側配置六地藏，加上本尊構成567尊地藏菩薩。

⑮南明寺
藥師如來坐像【重文】
※必須事先預約
沒有住持的寺院，安置本尊藥師如來坐像、釋迦如來坐像、阿彌陀如來坐像【以上均為重文】，推斷為平安時代的作品。

⑯圓成寺
大日如來坐像【國寶】

笠置
近鐵
奈良縣
阪原
BUS
⑮南明寺
369
有的寺院必須事先預約哪！
新大宮車站
⑯圓成寺
BUS
忍辱山
奈良
369
奈良車站
關西本線
奈良
櫻井線
⑰帶解寺
帶解車站
⑭大安寺
天理

⑰帶解寺
地藏菩薩半跏像【重文】
以祈願順產有名，是日本最古老的子安地藏。

⑭大安寺
馬頭觀音立像【重文】
※只在固定期間特別公開
其他還可以看到罕見的楊柳觀音立像【重文】等天平佛像（奈良時代）。

⑬傳香寺
地藏菩薩立像【重文】
※必須事先預約
以[裸地藏尊]之名而聞名。

參拜佛像⑦

圓成寺的大日如來坐像

雖然地址在奈良市，不過感覺是山裡的小鎮……
哇，好漂亮的庭園！
淨土式庭園的池塘是極樂世界與現世的界線。
原來如此～
樓門【重文】
多寶塔
？
喔喔
是不是
大日如來是透過玻璃參拜，不過使用寺方準備的這個，就看得很清楚喔！
來，妳試試看

運慶二十五歲左右製作的大日如來

○圓成寺DATA

所在地：奈良市忍辱山町1273

交通：從JR・近鐵奈良車站搭奈良交通公車，往柳生方向約四十分鐘，在「忍辱山」下車，走路五分鐘。

開放時間：9點～17點。

佛像列表：大日如來坐像（木造（像高98・2公分）・鎌倉時代・國寶）、**阿彌陀如來坐像**（木造（像高145・4公分）・平安時代・重文）等。

○圓成寺的歷史背景

天平勝寶八年（756），由聖武・考謙天皇發願敕命建造，由鑑真的弟子唐僧虛瀧開創。除了本堂（重文）與本堂的樓門（重文）之外，春日堂・白山堂都是日本最古老的春日造建築樣式的社殿而被指定為國寶。另外，被指定為名勝的淨土式庭園之美非常出色。

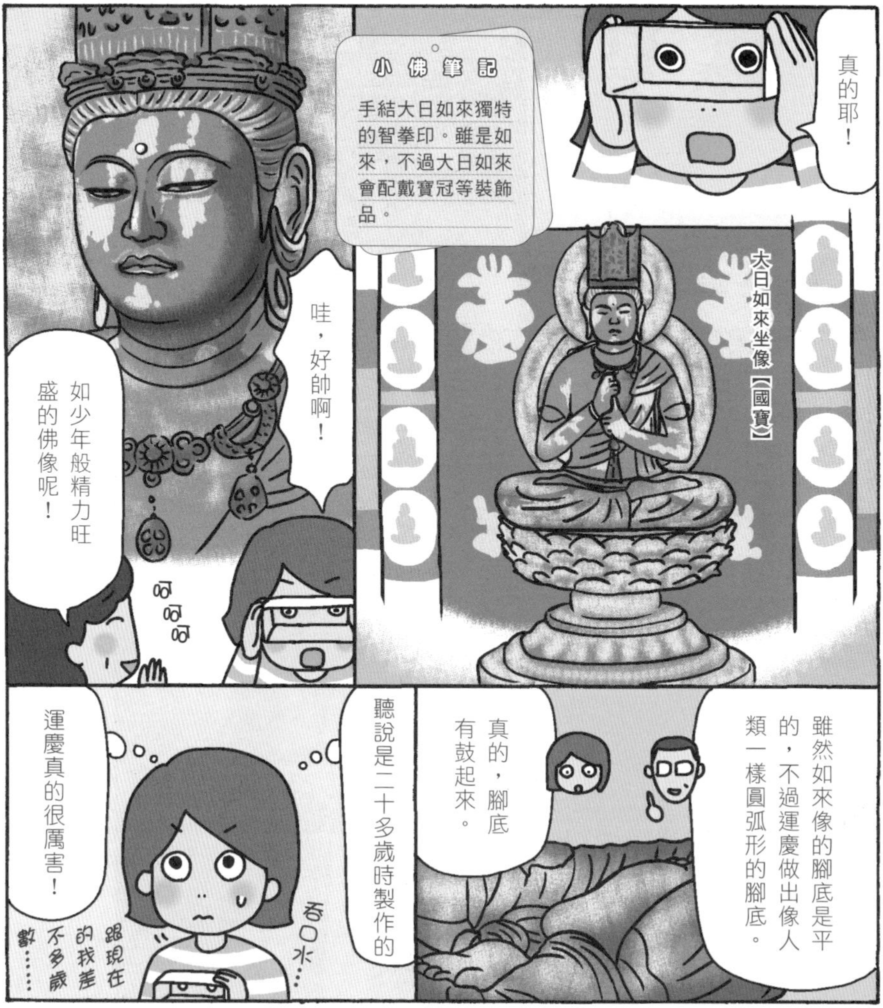
真的耶！
小佛筆記
手結大日如來獨特的智拳印。雖是如來，不過大日如來會配戴寶冠等裝飾品。
哇，好帥啊！
如少年般精力旺盛的佛像呢！
呵呵呵
大日如來坐像【國寶】
雖然如來像的腳底是平的，不過運慶做出像人類一樣圓弧形的腳底。
真的，腳底有鼓起來。
聽說是二十多歲時製作的
吞口水……
運慶真的很厲害！
跟現在的我差不多歲數……

○據傳是運慶的處女作，大日如來

是現存佛像中，運慶的第一個作品。台座與光背幾乎與製作當時一樣。運慶當時才二十五歲左右，從此看出他卓越的才能。

○連細部都講究，
運慶擁有高度的專業意識

讓人感覺年輕又有活力的大日如來像可以看出運慶不受限既有風格的挑戰精神。他的風格不只嶄新而已，例如在作為瞳孔的玉眼周圍利用紅線描繪加以強調，這樣的手法可以看出他對於作品的講究與細膩的功夫。

○本堂整體就是極樂淨土

供奉於本堂的本尊阿彌陀如來像呈現平安時代具代表性的「定朝樣」風格，看起來溫和而雅致。本堂的柱上以繽紛色彩描繪二十五尊菩薩，佛像與本堂合為一體，呈現極樂淨土的世界觀。

參拜佛像⑧

秋篠寺的伎藝天立像

秋篠寺
一進入山門，心情整個沉靜下來。
彷彿置身森林……
哇，青苔好漂亮。
宛如另一個世界！
軟綿綿地好像地毯。
本堂【國寶】

被稱為東洋繆思的伎藝天

○秋篠寺DATA

所在地：奈良市秋篠町757

交通：從近鐵大和西大寺車站搭奈良交通公車，往押熊方向約六分鐘，在「秋篠寺」下車即可抵達。

開放時間：9點30分～16點30分。

佛像列表：**伎藝天立像**〔（頭部：脫活乾漆造・奈良時代）（身體：木造・鎌倉時代）・（像高205公分）・重文〕、**藥師如來坐像**〔木造（像高140公分）・鎌倉時代・重文〕、**日光・月光菩薩立像**〔木造（像高約150公分）・平安時代・重文〕等。※秘佛・**大元帥明王立像**〔木造（約230公分）・鎌倉時代・重文〕每年六月六日公開。

○秋篠寺的歷史背景

據傳寶龜七年（776），因光仁天皇的敕願，由僧侶善珠創建。

幾乎排成一橫列，不過伎藝天……
眼睛咕嚕咕嚕轉
啊…
伎藝天立像【重文】
出現偶像的光芒！
夢幻般的神情深具魅力。
輪廓看起來很妖媚。
轉頭
是這樣的感覺嗎？

據說這也是奈良時代最後一座官寺。平安時代末期有許多伽藍被燒毀，僅存的講堂成為本堂，鎌倉時代重建至今。進入南門右手邊，還留有天平時期建造的東塔基石。

○日本僅有一尊的伎藝天

伎藝天也稱為大自在天，容貌端正秀麗、能歌善舞又長於樂器演奏的女神，手持天花。不過，據說秋篠寺的伎藝天是日本唯一一尊，其姿態為菩薩型態，手無持物，無法判斷是不是伎藝天。會被稱為「傳伎藝天」也就是這個緣故。

○奈良時代與鎌倉時代的共同合作

伎藝天是奈良時代以脫活乾漆造的技術製作。不過由於頭部受損，所以在鎌倉時代以寄木造的技術修復。也就是說，頭部與身體是由完全不同的佛師製作，即便如此，兩者毫無違和感，可見佛師技藝超群。

佛像參拜MAP

佐保・佐紀路 西京

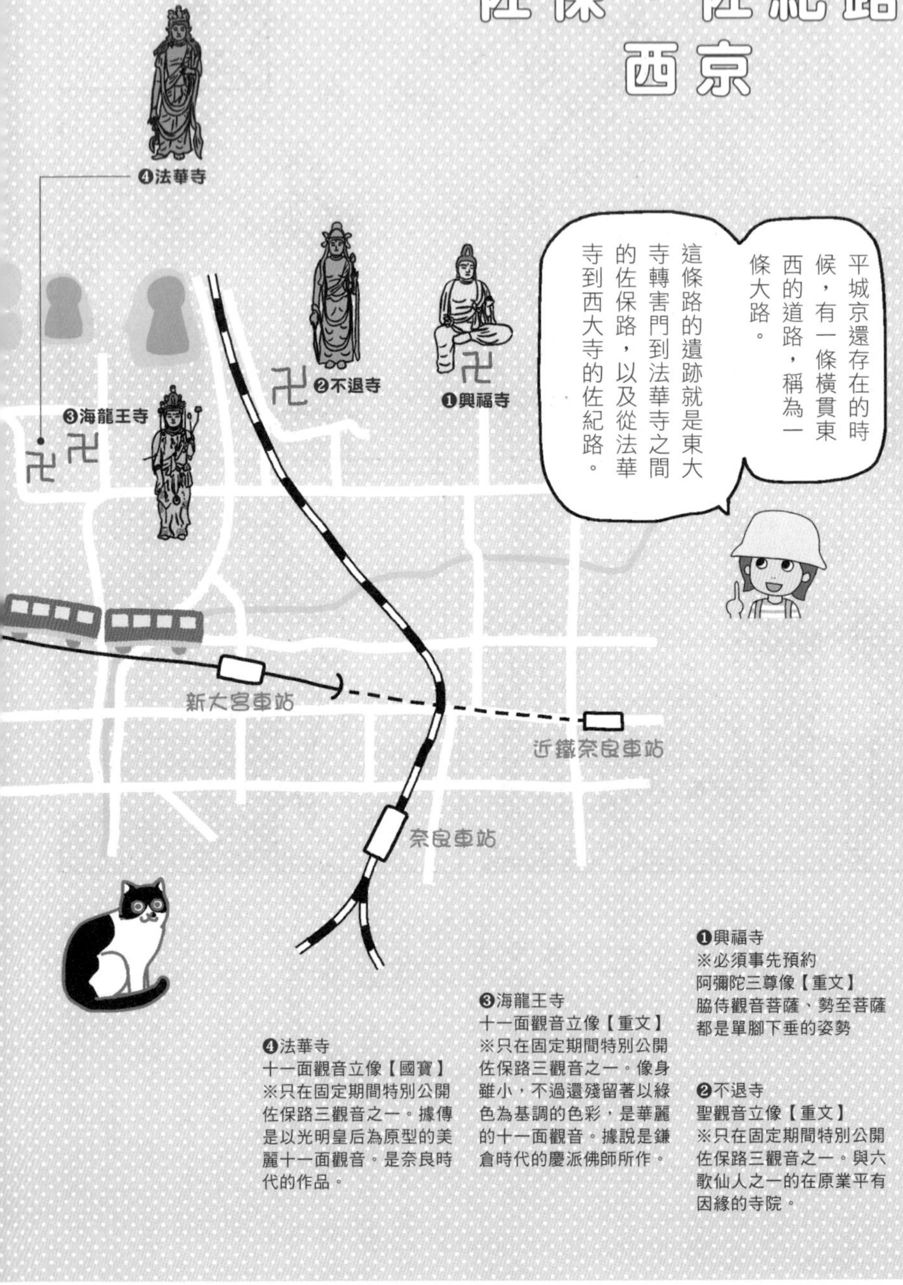
④法華寺
②不退寺
①興福寺
③海龍王寺
平城京還存在的時候，有一條橫貫東西的道路，稱為一條大路。
這條路的遺跡就是東大寺轉害門到法華寺之間的佐保路，以及從法華寺到西大寺的佐紀路。
新大宮車站
近鐵奈良車站
奈良車站

①興福寺
※必須事先預約
阿彌陀三尊像【重文】
脇侍觀音菩薩、勢至菩薩都是單腳下垂的姿勢

②不退寺
聖觀音立像【重文】
※只在固定期間特別公開
佐保路三觀音之一。與六歌仙人之一的在原業平有因緣的寺院。

③海龍王寺
十一面觀音立像【重文】
※只在固定期間特別公開
佐保路三觀音之一。像身雖小，不過還殘留著以綠色為基調的色彩，是華麗的十一面觀音。據說是鎌倉時代的慶派佛師所作。

④法華寺
十一面觀音立像【國寶】
※只在固定期間特別公開
佐保路三觀音之一。據傳是以光明皇后為原型的美麗十一面觀音。是奈良時代的作品。

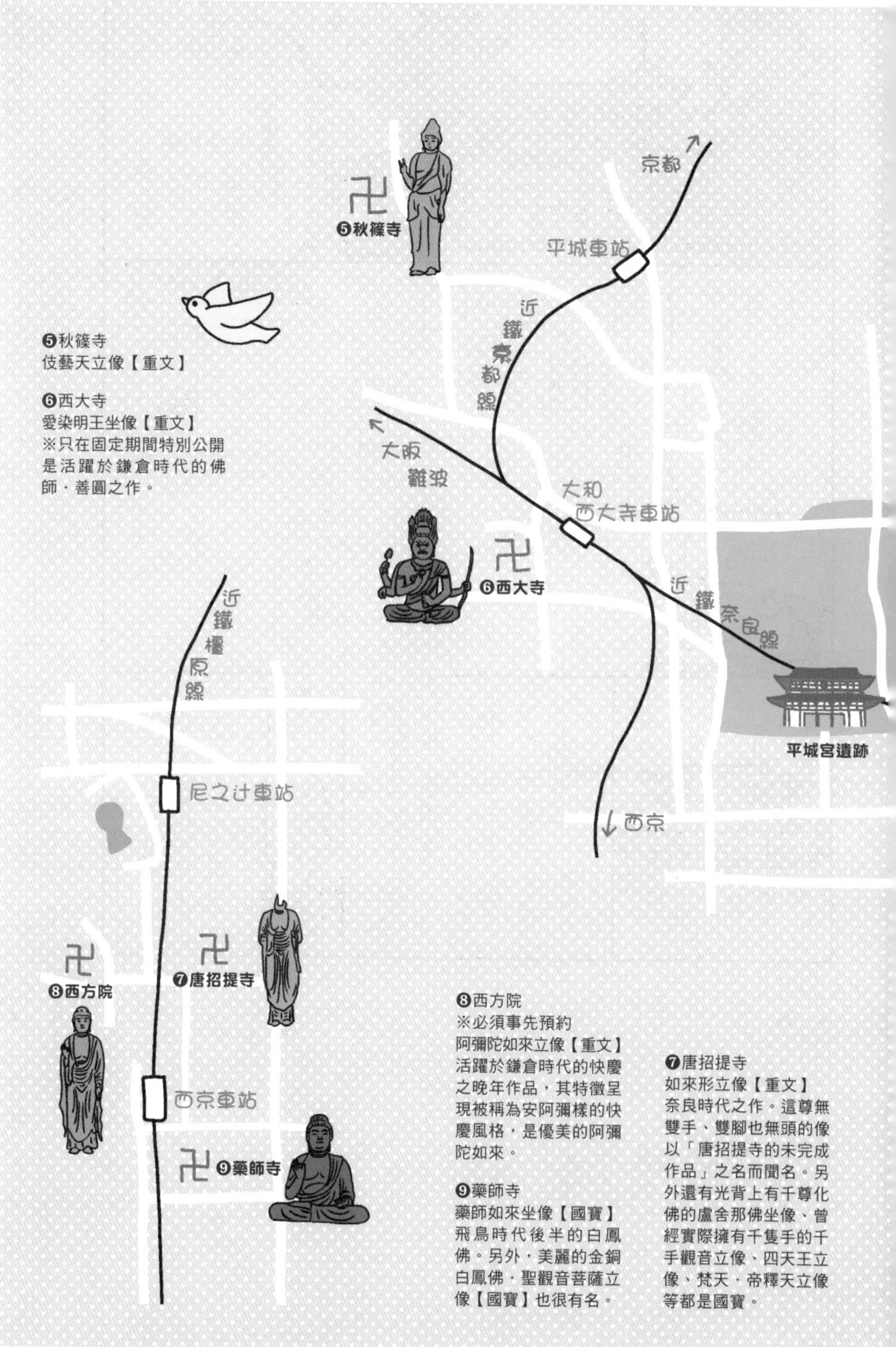
京都
平城車站
近鐵京都線
大阪難波
大和西大寺車站
近鐵奈良線
平城宮遺跡
西京
近鐵橿原線
尼之辻車站
西京車站
❺秋篠寺
❻西大寺
❼唐招提寺
❽西方院
❾藥師寺

❺秋篠寺
伎藝天立像【重文】

❻西大寺
愛染明王坐像【重文】
※只在固定期間特別公開
是活躍於鎌倉時代的佛師・善圓之作。

❽西方院
※必須事先預約
阿彌陀如來立像【重文】
活躍於鎌倉時代的快慶之晚年作品，其特徵呈現被稱為安阿彌樣的快慶風格，是優美的阿彌陀如來。

❾藥師寺
藥師如來坐像【國寶】
飛鳥時代後半的白鳳佛。另外，美麗的金銅白鳳佛・聖觀音菩薩立像【國寶】也很有名。

❼唐招提寺
如來形立像【重文】
奈良時代之作。這尊無雙手、雙腳也無頭的像以「唐招提寺的未完成作品」之名而聞名。另外還有光背上有千尊化佛的盧舍那佛坐像、曾經實際擁有千隻手的千手觀音立像、四天王立像、梵天・帝釋天立像等都是國寶。

參拜佛像⑨

法隆寺的釋迦三尊像、百濟觀音、救世觀音及其他

可看到飛鳥時代佛像的美術寶庫

日本的世界遺產第一號，法隆寺啊。
首先，中門有金剛力士像【重文】。
撲通撲通
法隆寺MAP
夢殿
金堂
五重塔
東院伽藍
西院伽藍
小佛筆記
法隆寺由兩大區塊構成，分別是擁有金堂、五重塔的西院伽藍，以及以夢殿為中心的東院伽藍。
西院伽藍是世界上現存最早的木造建築群。
不過，這次以看佛像為優先。因為光是國寶的佛像就多達十七尊呢！
先往金堂走！
國寶的金堂裡有釋迦三尊像、藥師如來坐像、毘沙門天．吉祥天立像、四天王立像、地藏菩薩立像等等，一整排都是國寶！
金堂【國寶】

○**法隆寺DATA**

所在地：奈良縣生駒郡斑鳩町法隆寺山內1－1

交通：從JR．法隆寺車站搭奈良交通公車，往法隆寺門前方向約五分鐘，在「法隆寺門前」下車即到。

開放時間：8點～17點（11月4日～2月21日到16點30分）。

※夢殿的本尊在春、秋季的固定時間特別公開。

金堂佛像列表：**釋迦三尊像**〔銅造（像高 中尊86．4公分）．飛鳥時代．國寶〕、**藥師如來坐像**〔銅造（像高約63．8公分）．飛鳥時代．國寶〕、**毘沙門天立像**〔木造（像高123．2公分）．平安時代．國寶〕、**吉祥天立像**〔木造（像高116．7公分）．平安時代．國寶〕、**四天王立像**〔木造（像高133．3～134．8公分）．飛

小佛筆記
製作釋迦三尊像的是日本第一位正式的佛師・止利佛師。長臉、杏眼、古拙微笑，以及不重視深度，只重視從正面看的左右對稱性等，據說是止利作品的特徵，也是飛鳥時代的佛像標準。
釋迦三尊像【國寶】
可能是眼睛、鼻子都很大，所以臉型跟日本人不一樣。
有點昏暗人又很多，看得不是很清楚……
不過感覺很質樸，很喜歡……
台座的裳懸座也很有名，在別處幾乎看不到呢！
五重塔【國寶】
五重塔的塑造群像別名「法隆寺的泣佛」，呈現釋迦涅槃後眾人的悲傷模樣。
室內昏暗看不清楚，不過感覺有點可怕。

鳥時代・國寶〕等。

五重塔佛像列表：**初層塑像群**〔塑造（像高約17～98公分）・奈良時代・國寶〕。

大寶藏院佛像列表：**百濟觀音**（**觀音菩薩立像**）〔木造（像高210・9公分）・飛鳥時代・國寶〕、**夢違觀音**（**觀音菩薩立像**）〔銅造（像高87・9公分）・飛鳥時代・國寶〕、**九面觀音**（**觀音菩薩立像**）〔木造（像高約37・6公分）・唐時代・國寶〕、**地藏菩薩立像**〔木造（像高173公分）・平安時代・國寶〕、**橘夫人廚子及阿彌陀三尊像**〔金銅造（像高 中尊33・3公分）・飛鳥時代・國寶〕等。

夢殿佛像列表：**救世觀音**（**觀音菩薩立像**）〔木造・飛鳥時代・國寶〕、**行信僧都坐像**〔乾漆造（像高88・5公分）・奈良時代・國寶〕、**道詮律師坐像**〔塑造（像高88・2公分）・平安時代・國寶〕等。

——接下來是大寶藏院，裡面有許多精采的佛像，例如夢違觀音（觀音菩薩立像）【國寶】、九面觀音（觀音菩薩立像）【國寶】、地藏菩薩立像【國寶】、阿彌陀如來及兩脇侍像（傳橘夫人念持佛）【國寶】、玉蟲廚子【國寶】等等。
百濟觀音（觀音菩薩立像）【國寶】
特別令人著迷的是百濟觀音。
哇啊……
——最後前往特別開龕中的夢殿【國寶】
救世觀音（觀音菩薩立像）【國寶】

○法隆寺的歷史背景

七世紀初由聖德太子建立，是日本正式寺院中，古老程度僅次於飛鳥寺的寺院。聖德太子死後二十一年，皇極天皇二年（643）聖德太子的兒子・山背大兄王被蘇我入鹿殺害，導致聖德太子一族滅亡。後來，法隆寺受到尊崇聖德太子及其一族的人守護，一直到了奈良時代由朝廷下令保護才成為大寺。日本的世界遺產第一號法隆寺擁有許多被列為國寶・重要文化財的佛像雕刻，是佛教美術的寶庫。

○金堂的釋迦三尊像光背上的銘文有名

光背的背面刻了一九六個字的銘文，記載聖德太子為了替死者祈福行善而發願的造像由來。有一說是此銘文為後世所追刻。不過，這也是日本最早一尊記錄著發願者與製作者的佛像。

長久以來，都是絕對秘佛，所以還留著鮮豔的金色。
哇啊
手上拿的是任何願望都會實現的寶珠呢
說到救世觀音，不能不提費諾羅沙這號人物。
喀將
隱居…
絕對秘佛！
據稱是聖德太子的等身像，是絕對秘佛。
明治17年，美國哲學家費諾羅沙與日本美術院創立者岡倉天心拼命要求參觀佛像，最後覆蓋佛像的布就被取下來。
拜託！
OK
將
哇
好漂亮啊
感覺
快逃啊～！
咻
嗯？
據說一旦取下白布就會觸怒聖德太子而引發大地震，所以法隆寺的僧侶們非常惶恐地逃跑了。
能夠看到被稱為飛鳥時代的最高傑作，金堂的釋迦三尊像、百濟觀音、救世觀音，真是幸福～

○夢違觀音的名稱由來

「就算做惡夢，如果拜此觀音就會變成好夢」，因這樣的信仰而得夢違觀音的名稱。脫離金堂釋迦如來的大陸風格，公認是看得出日式之美的第一尊佛像。

○百濟觀音名稱的由來

法隆寺一直到明治時期都還稱虛空藏菩薩，不過後來發現的寶冠正面有阿彌陀如來的化佛，所以更正為觀音菩薩。另一方面，明治以後也有人認為可能是「百濟人的作品？」所以也稱為百濟觀音。

○據傳是呈現聖德太子樣貌的救世觀音

據傳與聖德太子同樣大小的救世觀音與飛鳥時代的其他佛像不同，看起來比較接近人像。其名稱據說是來自於《法華經》的「觀音妙智力　能救世間苦」。

參拜佛像⑩

中宮寺的菩薩半跏像

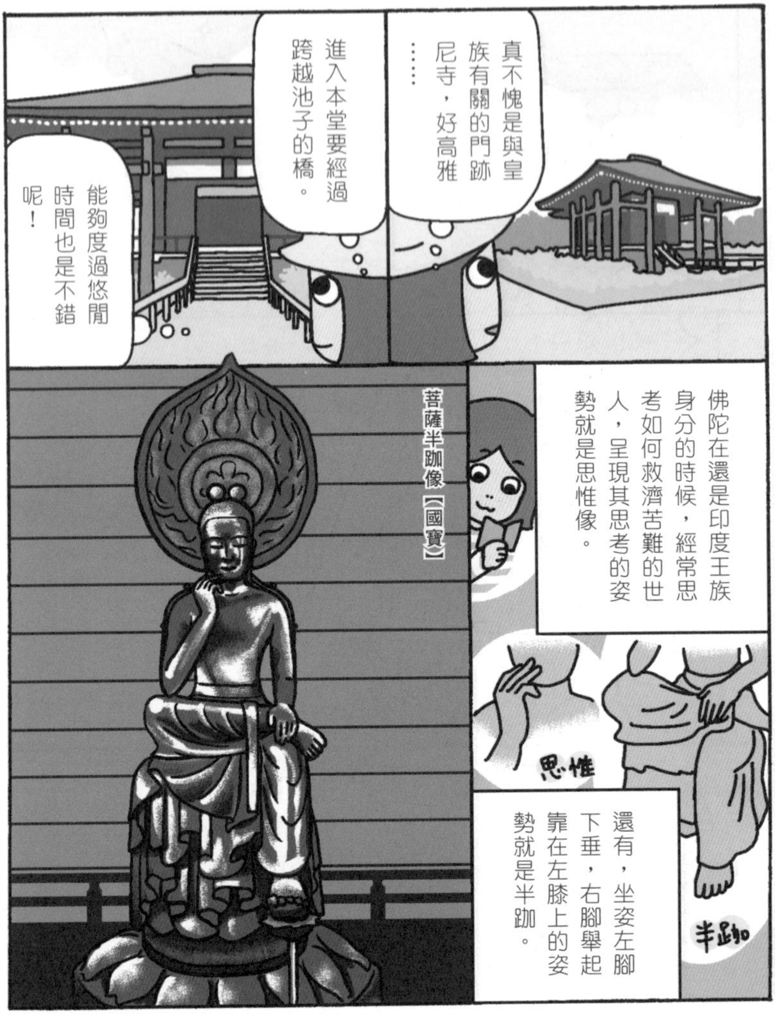
真不愧是與皇族有關的門跡尼寺，好高雅……
進入本堂要經過跨越池子的橋。
能夠度過悠閒時間也是不錯呢！
佛陀在還是印度王族身分的時候，經常思考如何救濟苦難的世人，呈現其思考的姿勢就是思惟像。
菩薩半跏像【國寶】
思惟
還有，坐姿左腳下垂，右腳舉起靠在左膝上的姿勢就是半跏。
半跏

↙世界三大微笑之一的神秘微笑

○中宮寺DATA

所在地：奈良縣生駒郡斑鳩町法隆寺北1－1－2

交通：從JR・法隆寺車站搭公車，往法隆寺門前方向約五分鐘，在「中宮寺前」下車，走路五分鐘。

開放時間：9點～16點30分（10月1日～3月20日到16點）。

佛像列表：**菩薩半跏像**〔木造（像高132公分 ※不算左腳只算坐高為87公分）・飛鳥時代・國寶〕。

○中宮寺的歷史背景

有傳說是聖德太子為了母親穴穗部間人皇后而建立的寺院，是與聖德太子有關的尼寺。現在只剩下昭和四十三年（1969）所建立的新本堂，不過創建當時是擁有寶塔、金堂的大寺院。有段時期被荒廢，不過自從慶長七年（1602）慈覺院宮擔任第一代門跡以來，就一直是門跡尼

感覺神秘……
神木！
小佛筆記
由一棵檜木製成佛像各部分，然後像是組合積木般地組成佛像。有一說是為了不浪費神木，所以採用這種製作方法。
飛鳥時代採用組合各部分的新奇技法所製成的佛像。
雖然是黑色的，不過看起來非常柔和、親切的感覺……
小佛筆記
明明沒有雕刻出瞳孔，看起來卻像是垂下雙眼冥想。是眼睛上的陰影所做出來的效果。
佛師的技巧真的很厲害……

寺（※皇族或貴族擔任住持的寺稱為門跡寺，中宮寺是尼寺，所以稱為門跡尼寺）直到今日。

○最早是色彩鮮豔的樣貌

這裡的菩薩半跏像是知名的半跏思惟像之一，微笑是典型的古拙微笑。原來是鮮豔色彩，不過經過長年的歲月，色彩剝落露出底部的黑漆而成為現在的模樣。

○世界三大微笑像之一

菩薩半跏像是中宮寺創建以來的本尊。雖然國家指定的名稱是菩薩半跏像，不過中宮寺的寺傳中寫的是如意輪觀音。被評為飛鳥時代雕刻作品中的最佳傑作。另一方面，雖然菩薩半跏像與獅身人面像、蒙娜麗莎並列為「世界三大微笑像」，不過在日本，與廣隆寺（京都市）的寶冠彌勒、同為半跏思惟像的彌勒菩薩一樣美麗，所以經常被拿來比較。

參拜佛像⑪

飛鳥寺的釋迦如來坐像

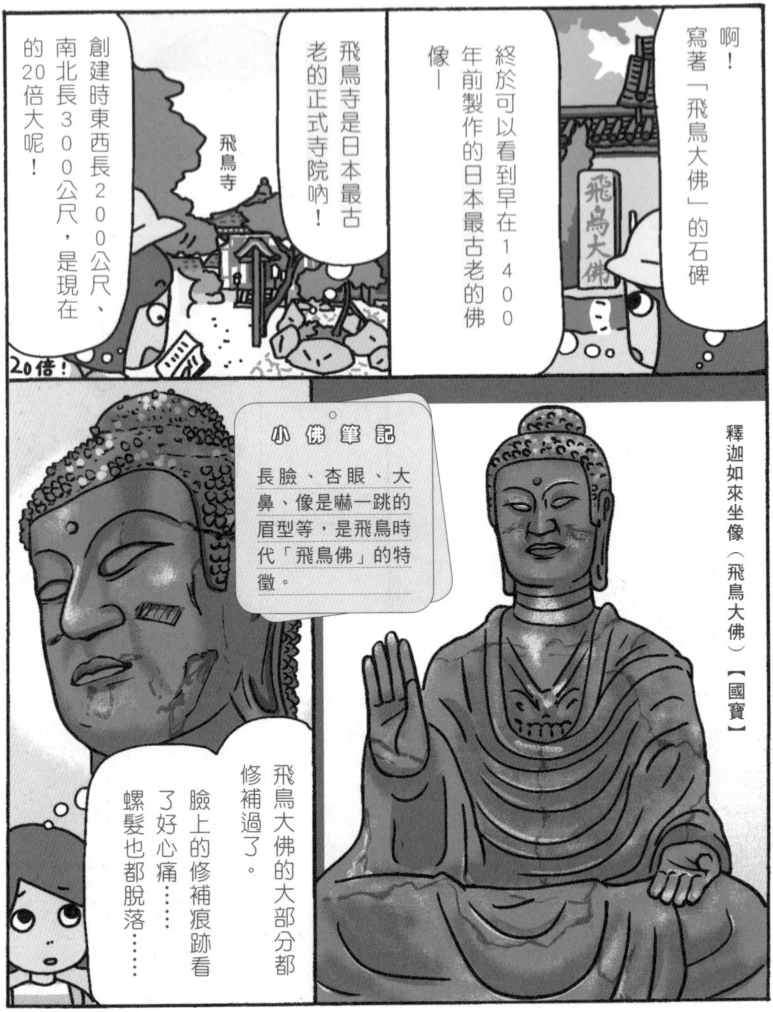
啊！寫著「飛鳥大佛」的石碑
飛鳥大佛
終於可以看到早在1400年前製作的日本最古老的佛像—
飛鳥寺是日本最古老的正式寺院吶！
飛鳥寺
創建時東西長200公尺、南北長300公尺，是現在的20倍大呢！
20倍！
釋迦如來坐像（飛鳥大佛）【國寶】
小佛筆記
長臉、杏眼、大鼻、像是嚇一跳的眉型等，是飛鳥時代「飛鳥佛」的特徵。
飛鳥大佛的大部分都修補過了。
臉上的修補痕跡看了好心痛……
螺髮也都脫落……

日本最古老的佛像，飛鳥大佛

○飛鳥寺DATA

所在地：奈良縣高市郡明日香村大字飛鳥682

交通：從近鐵橿原神宮車站搭紅龜公車，往岡寺前方向約十～十二分鐘，在「飛鳥大佛」下車即可抵達。

開放時間：9點～17點30分（10月～3月到17點）。

佛像列表：**釋迦如來坐像**（銅造（像高275．2公分）．飛鳥時代．重文）等。

○飛鳥寺的歷史背景

是蘇我馬子建立的日本第一座正式寺院，也稱為安居院。創建當時是大型寺院，不過蘇我氏一族滅亡後便衰退，到了江戶時代甚至變得荒無。現在，江戶時代重現的本堂所供奉的本尊是釋迦如來坐像，也就是民眾熟知的飛鳥大佛。

小佛筆記
留長的指甲據說是作者止利佛師受到大陸佛像的影響而作。
根據住持描述，有一段時期飛鳥寺成為廢寺狀態，連屋頂都沒有，飛鳥大佛也曝曬在外，當然也沒有資金請修補專家來進行修護。在這當中。都靠飛鳥當地的人持續守護。
當地人對飛鳥大佛的關愛
都呈現在目前看到的模樣
1400年之間一直守護這個地方
自然會產生感謝的心情

○一千四百年來一直坐在同一處，日本最古老的佛像

飛鳥大佛是日本現存最古老的佛像。當初是釋迦三尊像，如果加入光背的話，高約五公尺，據說是用了十五噸的銅、三十公斤鍍金的豪華佛像。現在的飛鳥大佛已經經過數度修復，不過右手的食指與中指則從飛鳥時代至今完全不變。另外，以岩石製成的台座也是創建時的原狀，可知大佛在這一四〇〇年之間一直坐在這個位置上不曾移動過。

○馬鞍工匠．鞍作止利的挑戰

飛鳥大佛是止利佛師製作的佛像，比法隆寺的釋迦三尊像還早。當時佛像技術尚未傳到日本，不過製作馬鞍的工匠鞍作止利（止利佛師的別稱）受到推古天皇的委託，挑戰製作佛像。螺髮一個一個以青銅製作、安裝等，發揮創造力與技術力而完成飛鳥大佛。

佛像參拜MAP

斑鳩・飛鳥

❶松尾寺
大黑天立像【重文】
威武姿態的大黑天是鎌倉時代的作品。松尾寺以消災除惡道場而聞名。

❷法輪寺
十一面觀音立像【重文】
平安時代的作品。像高360公分的巨大十一面觀音像。知名散文作家白州正子對此觀音讚不絕口。

❸法起寺
十一面觀音立像【重文】
平安時代的作品。像高350公分的大型十一面觀音像。佛像的材質是珍貴杉木製成的一木造，佛像上還留有許多金箔。

❹中宮寺
菩薩半跏像【國寶】

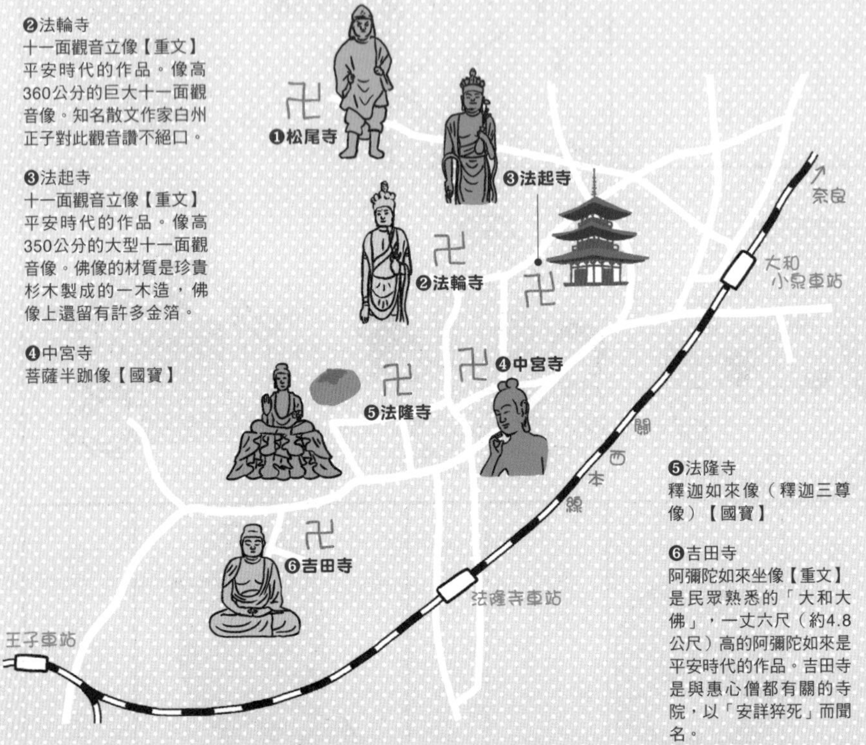

❶松尾寺
❸法起寺
奈良
大和
小泉車站
❷法輪寺
❹中宮寺
❺法隆寺
關
西
本
線
❻吉田寺
法隆寺車站
王子車站

❺法隆寺
釋迦如來像（釋迦三尊像）【國寶】

❻吉田寺
阿彌陀如來坐像【重文】
是民眾熟悉的「大和大佛」，一丈六尺（約4.8公尺）高的阿彌陀如來是平安時代的作品。吉田寺是與惠心僧都有關的寺院，以「安詳猝死」而聞名。

生駒車站
近鐵
奈良
東生駒車站
近鐵奈良線
鳥居前車站
菜畑車站
近鐵
難波
寶山寺車站
❼寶山寺
生駒纜車
生駒山上車站
一分車站

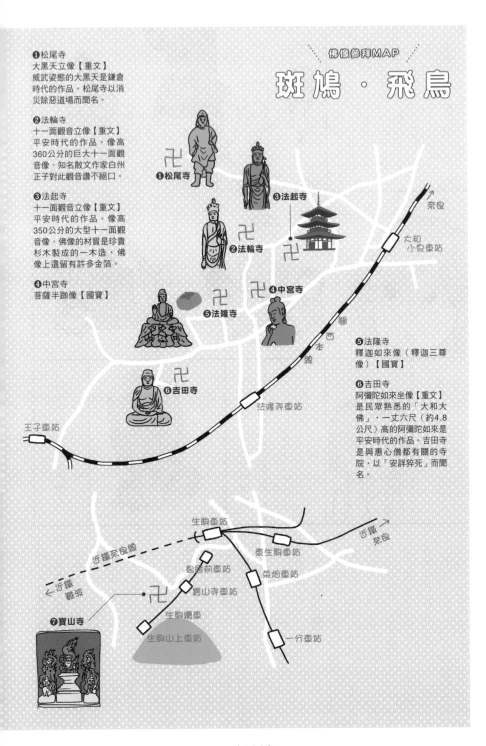

❿橘寺
如意輪觀音坐像【重文】
美麗又可愛的如意輪觀音是平安中・後期藤原時代的作品。據說橘寺是聖德太子誕生的地方。

❽飛鳥寺
釋迦如來坐像【重文】

❾岡寺〔龍蓋寺〕
如意輪觀音坐像【重文】
白色土塗抹的肌膚，是日本最古・最大的塑造觀音像。為奈良時代的作品。

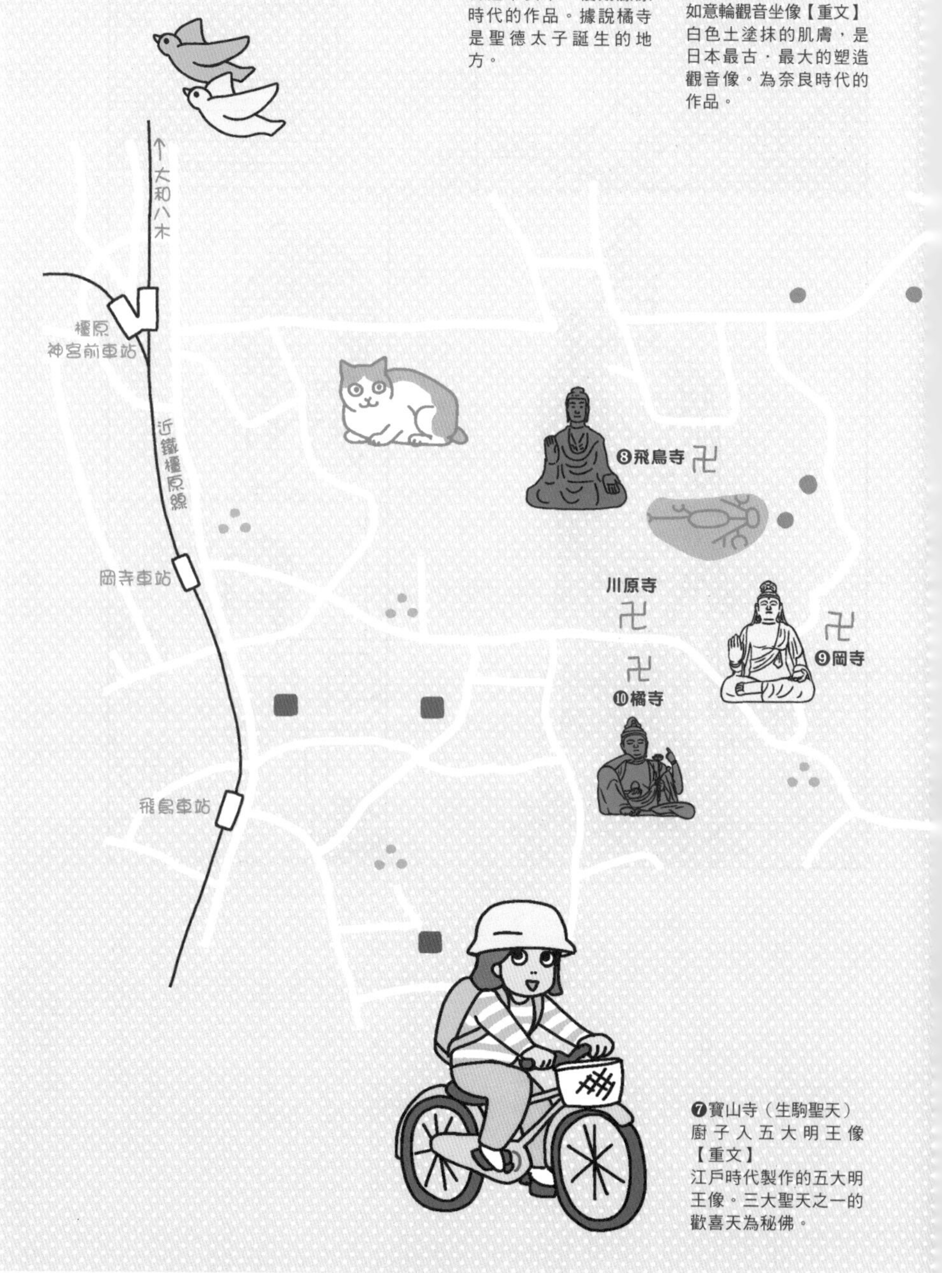
↑大和八木
橿原
神宮前車站
近鐵橿原線
岡寺車站
飛鳥車站
❽飛鳥寺
川原寺
❿橘寺
❾岡寺

❼寶山寺（生駒聖天）
廚子入五大明王像【重文】
江戶時代製作的五大明王像。三大聖天之一的歡喜天為秘佛。

參拜佛像⑫

聖林寺的十一面觀音立像

聖林寺是一座小而整潔的寺院。
登上石階真的很累，不過可以眺望奈良盆地呢——
わぁ〜
——本堂的本尊是地藏菩薩，參拜後往觀音堂前進。
哇啊...
十一面觀音立像【國寶】

被評為天平雕刻的最佳傑作

○聖林寺DATA

所在地：奈良縣櫻井市下692

交通：從JR・近鐵櫻井車站搭奈良交通公車，往談山神社方向約十分鐘，在「聖林寺前」下車，走路五分鐘。

開放時間：9點～16點30分。

佛像列表：**十一面觀音立像**（木心乾漆造（像高209公分）・奈良時代・國寶）等。

○聖林寺的歷史背景

起源是和銅五年（712），藤原鎌足的長男・定慧建立聖林寺作為妙樂寺（後來的談山神社）的別院。有人甚至會特地前來參拜的十一面觀音其實並不是聖林寺原來的本尊。十一面觀音本來是安置在三輪山下的大御輪寺，後來大御輪寺遭廢除，十一面觀音便移至聖林寺。

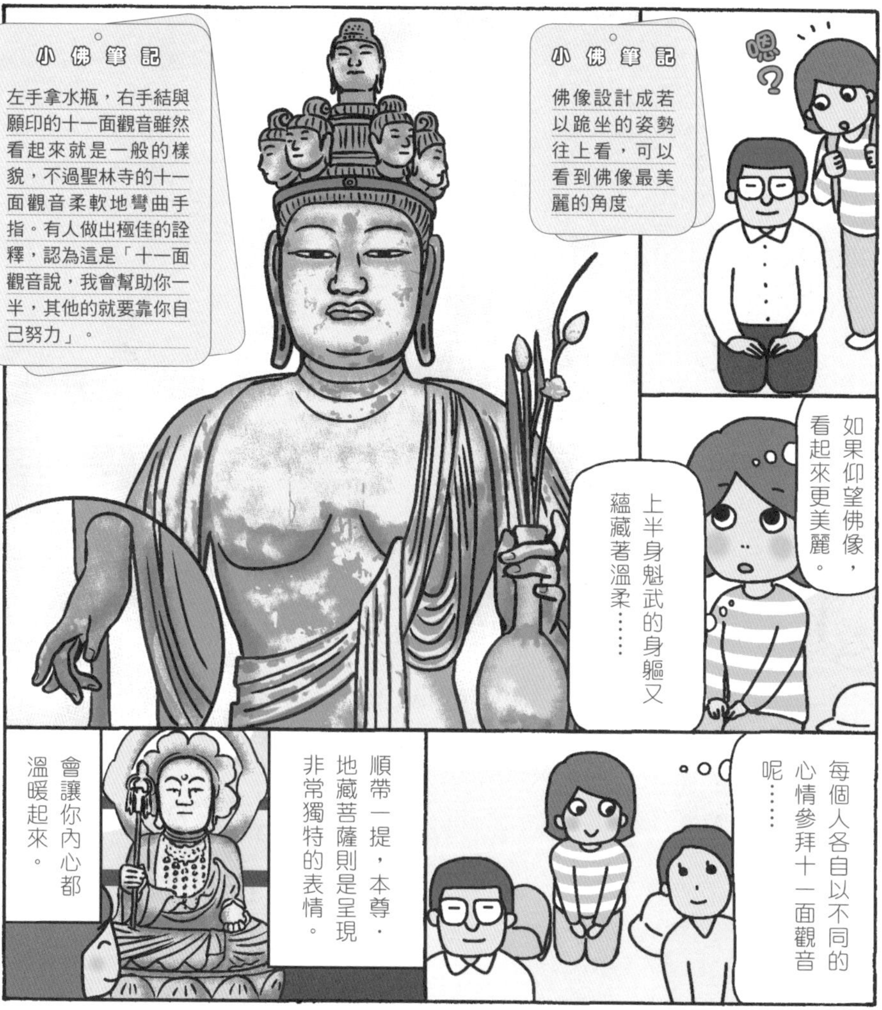
小佛筆記
佛像設計成若以跪坐的姿勢往上看，可以看到佛像最美麗的角度
嗯？
小佛筆記
左手拿水瓶，右手結與願印的十一面觀音雖然看起來就是一般的樣貌，不過聖林寺的十一面觀音柔軟地彎曲手指。有人做出極佳的詮釋，認為這是「十一面觀音說，我會幫助你一半，其他的就要靠你自己努力」。
如果仰望佛像，看起來更美麗。
上半身魁武的身軀又蘊藏著溫柔……
每個人各自以不同的心情參拜十一面觀音呢……
順帶一提，本尊・地藏菩薩則是呈現非常獨特的表情。
會讓你內心都溫暖起來。

○因費諾羅沙而廣為人知的聖林寺十一面觀音

美國哲學家費諾羅沙（Fenollosa）對於美術非常感興趣，在日本時也與岡倉天心等人投注心力創建東京美術學校（現東京藝術大學）。對於日本的文化財保護也多所貢獻。長年以來因秘佛的關係而鮮少被人看到的聖林寺十一面觀音，也是因為費諾羅沙的關係而被世人所知。

○被評為天平雕刻的傑作，擄獲眾多名人之心

胸膛厚實、堂堂佇立的姿態。身體的姿勢與流暢的衣服線條顯現出平衡的美感……。不只是費諾羅沙，連哲學倫理學家・和辻哲郎、散文作家・白州正子等諸多名人都對其美麗的樣貌讚賞不已。順帶一提，本堂右側的櫃子是費諾羅沙「為了觀音」而捐贈的。櫃子下面加裝輪子，據說是為了發生火災時，可以立刻搬運出來的緣故。

佛像參拜MAP
櫻井・室生吉野

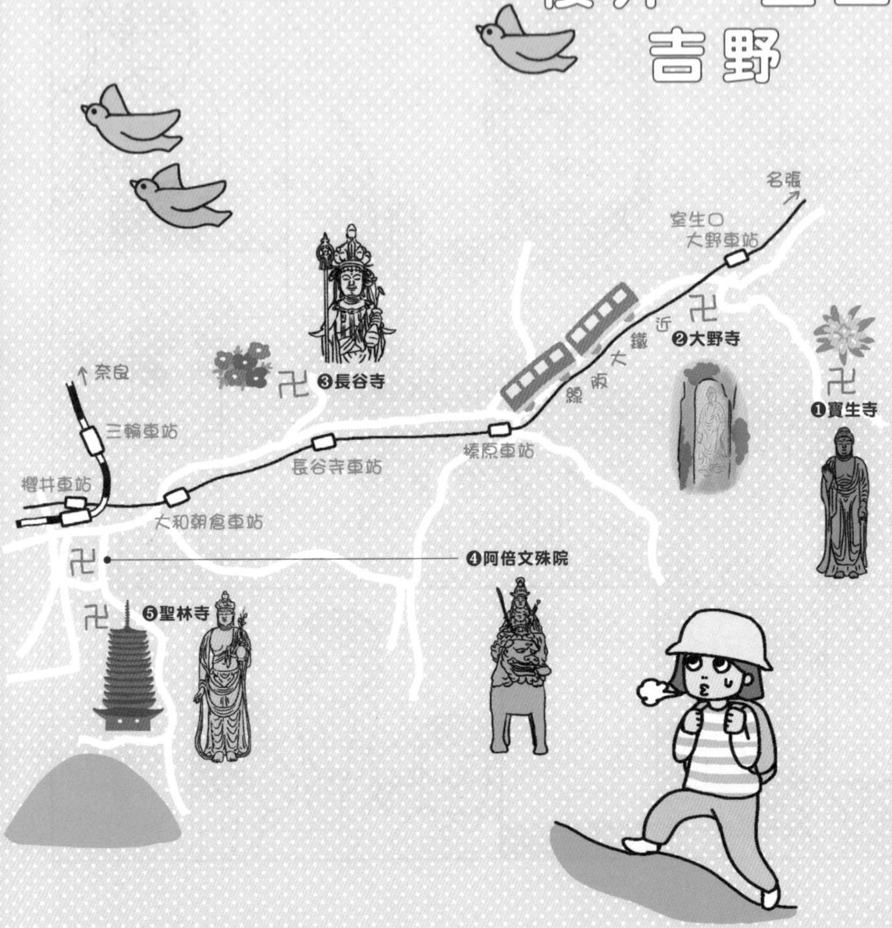

❹阿倍文殊院
騎獅文殊菩薩像【國寶】
活躍於鎌倉時代的快慶之作。呈現渡海文殊畫面的四尊脇侍也都是國寶，騎在獅身上的文殊菩薩總高度達7公尺。

❺聖林寺
十一面觀音立像【國寶】

❸長谷寺
十一面觀音菩薩立像【重文】
以登廊，也就是長長的階梯走廊而聞名。像高約10公尺的大型十一面觀音像是室町時代的作品。右手拿錫杖的罕見姿勢，也稱為長谷寺式。

❷大野寺
彌勒磨崖佛
在斷崖上雕刻的彌勒磨崖佛非常有名。在院內參拜高度11.5公尺的彌勒磨崖佛。

❶寶生寺
釋迦如來立像【國寶】
※固定期間才能特別參觀
平安時代前期的作品。其他還有十一面觀音菩薩立像【國寶】、釋迦如來坐像【國寶】、十二神將像【重文】等許多精彩的佛像。是以女人高野之名而聞名的大寺。

❻金峯山寺
藏王權現立像【重文】
※固定期間特別公開
約6～7公尺的巨大尺寸，同時藍色身體呈現怒氣的模樣極具震撼力。

❿當麻寺
彌勒佛坐像【國寶】
當麻曼荼羅很有名。除了現存最古老（飛鳥時代）的彌勒佛塑像之外，也供奉許多罕見的佛像。

❾櫻本坊
役小角坐像【重文】
役小角據說是修驗道的祖師。在多數役行者像中被評為最優秀的作品。

❽大日寺
五智如來坐像【重文】
供奉以大日如來為中心，阿閦如來・寶生如來・無量壽如來・不空成就如來等「五智如來」。

❼如意輪寺
藏王權現立像【重文】
據說是也參與東大寺南大門金剛力士像製作的運慶弟子・源慶之作品。

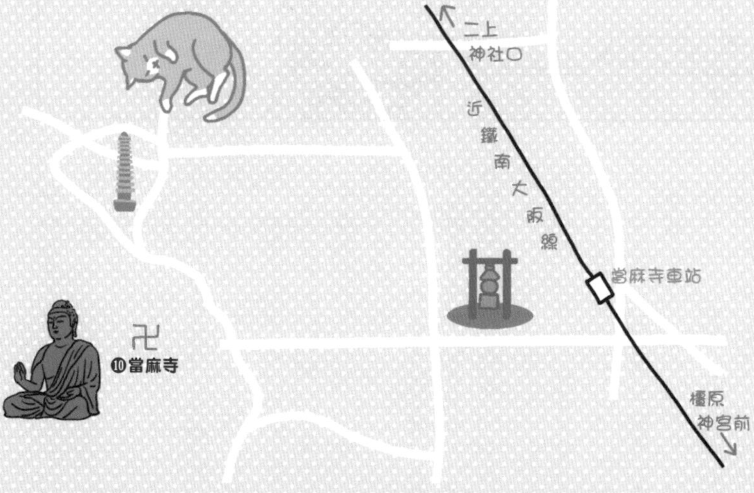

參拜佛像⑬ 東寺的五大明王像及其他

透過佛像確實感受曼荼羅

○東寺DATA

所在地：京都府京都市南區九條町1

交通：從近鐵東寺車站走路約十分鐘。

開放時間：8點30分～16點30分（9月20日～3月19日到17點）※寶物館・觀智院在春、秋季特別公開。

金堂佛像列表：**藥師三尊像**（木造（中尊像高288公分）・安土桃山時代・重文）。

講堂佛像列表：**五大明王像（不動明王・降三世明王・軍荼利明王・大威德明王・金剛夜叉明王）**（木造（像高100・9～201・5公分）・平安時代・國寶）、**梵天坐像**（木造（像高100・3公分）・平安時代・國寶）、**帝釋天半跏像**（木造（像高105・4公分）・平安時代・國寶）、**四天王立像**（木造（像高171・8～197・9公分）・平安時代・國寶）、**五大菩薩坐像**

東寺・講堂　由上往下俯看的配置圖
廣目天
大威德明王
金剛夜叉明王
不動明王
軍荼利明王
降三世明王
帝釋天
增長天
不空成就如來
阿閦如來
大日如來
阿彌陀如來
寶生如來
金剛業菩薩
金剛薩埵菩薩
金剛波羅蜜多菩薩
金剛法菩薩
金剛寶菩薩
多聞天
梵天
持國天
明王群組
如來群組
菩薩群組
小佛筆記
中央是以大日如來為中心的五智如來（如來群組）。五智如來是密教最重要的金剛界之五佛。東側配置以金剛波羅蜜多菩薩為中心的五大菩薩（菩薩群組）。西側配置以不動明王為中心的五大明王（明王群組）。兩邊是梵天與帝釋天，四角則配置須彌壇的護衛，四天王。
喔喔
……如果畫成圖像就看得出像是曼荼羅的圖案。
空海搞不好也是一個創意人……
講堂【重文】
為了作為真言密教的道場而建造的寺院。

（金剛波羅蜜菩薩、金剛寶菩薩、金剛法菩薩、金剛業菩薩、金剛薩埵）〔木造・平安時代・國寶 ※金剛波羅蜜菩薩是其他四尊之外又追加指定〕等。

寶物館佛像列表：**兜跋毘沙門天立像**〔木造（像高189・4公分）・平安時代・國寶〕。

觀智院佛像列表：**五大虛空藏菩薩像**〔木造（像高70・1～76・4公分）・唐時代・重文〕等。

○東寺的歷史背景

隨著平安京的建立，延曆十五年（796）在平安京正門，羅城門之東建立東寺，之西建立西寺等官寺。弘仁十四年（823），嵯峨天皇賜東寺給自唐歸國深入研究真言密教的空海。從此東寺被稱為教王護國寺，也以真言密教的基本道場而繁盛。東寺的構成有被稱為京都的象徵，五重塔〔國寶〕以及金堂〔國寶〕、講堂〔重文〕、觀智院客殿〔國寶〕等建築物。

五大明王像
【國寶】
神聖道場才有的緊張氣氛……
散發這種氛圍的是立體曼荼羅的佛像群所發出來的磁場吶！
緊盯
帝釋天半跏像
【國寶】
每尊佛像都有各自的個性，
非常有魅力呢。佛像界的王子，帝釋天就如傳聞所言，是位帥哥。
ぽっ
被稱為密教美術的寶庫，東寺還有好多佛像。
金堂
【國寶】
往金堂去
GO！

○利用佛像在視覺上呈現密教教義的立體曼荼羅

為了救濟世人，大日如來化身各種任務與樣貌，有系統地呈現這個概念的就是曼荼羅。而以佛像具體呈現的，就是東寺的立體曼荼羅。立體曼荼羅由如來部的五智如來、菩薩部的五大菩薩、明王部的五大明王構成。五智如來以開悟、五大菩薩以慈悲、五大明王以憤怒等不同任務救濟世人，每尊佛像都以相應的姿態呈現其不同的任務。

○現存最古老的五大明王像

據說是日本最早製作的明王像。根據考究，製作當初的佛像軀幹塗的可能是藍色色彩。

○結合慶派風格的藥師三尊像

金堂的本尊．藥師如來坐像是安土桃山時代的作品，由擔任東寺大佛師的慶派二十一代康正所製作。從左手沒有拿藥壺的樣貌推測是古代作品的複製品。

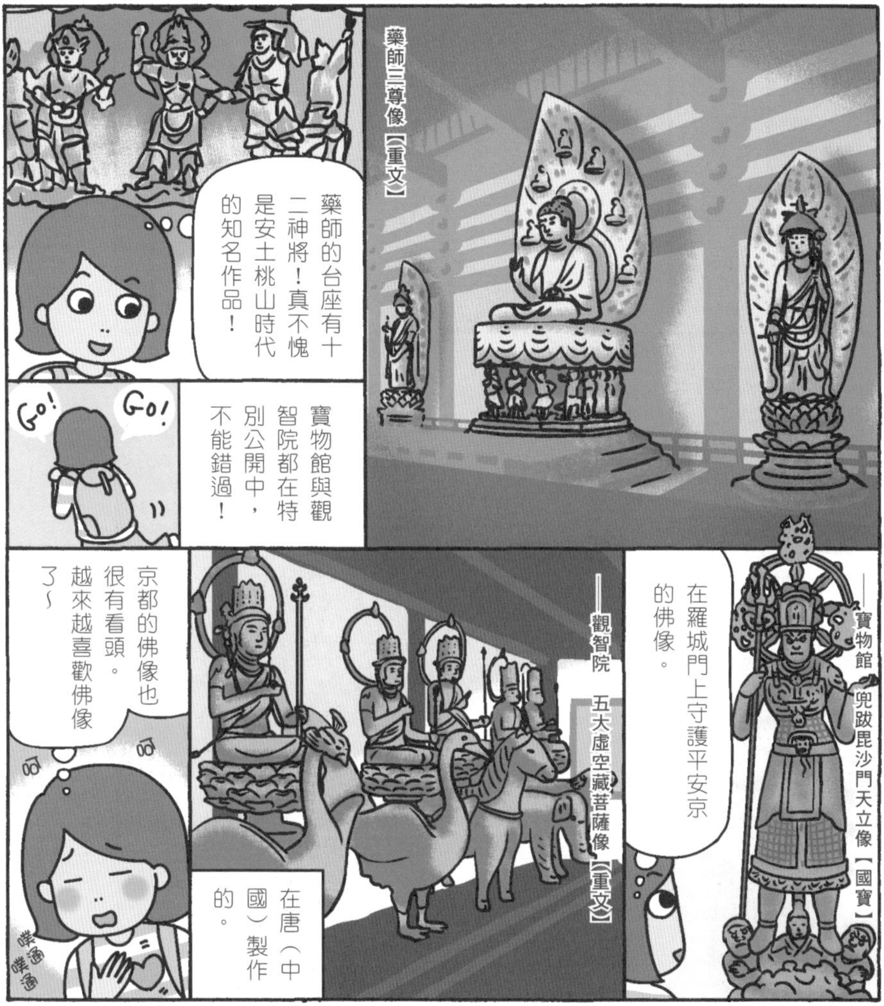
藥師三尊像【重文】
藥師的台座有十二神將！真不愧是安土桃山時代的知名作品！
寶物館與觀智院都在特別公開中，不能錯過！
GO!
GO!
寶物館 兜跋毘沙門天立像【國寶】
在羅城門上守護平安京的佛像。
觀智院 五大虛空藏菩薩像【重文】
在唐（中國）製作的。
京都的佛像也很有看頭。越來越喜歡佛像了～
呵
呵
噗通噗通

○曾經守護平安京的兜跋毘沙門天

兜跋毘沙門天是抵抗外敵的天部。據傳以前是被安置於應說是平安京正門的羅城門。據說是唐（中國）時代的作品，由中國產的魏氏櫻桃木所製成。

○中國風容貌的五大虛空藏菩薩

觀智院是東寺的塔頭（院內建造的小院）。本尊是以五尊菩薩代表五種智慧的五大虛空藏菩薩，據傳是由空海的徒孫惠運從唐帶來的。

○東寺是密教美術的寶庫

密教傳入日本後，在其教義底下的佛像種類也跟著增加。例如日本開始製作以往不曾有過的明王像，或是觀音像也有多種變化。佛像的表現有了大幅度的改變，也更具震撼力，這也可算是平安初期的特色。

參拜佛像⑭

千本釋迦堂的六觀音菩薩像、十大弟子立像

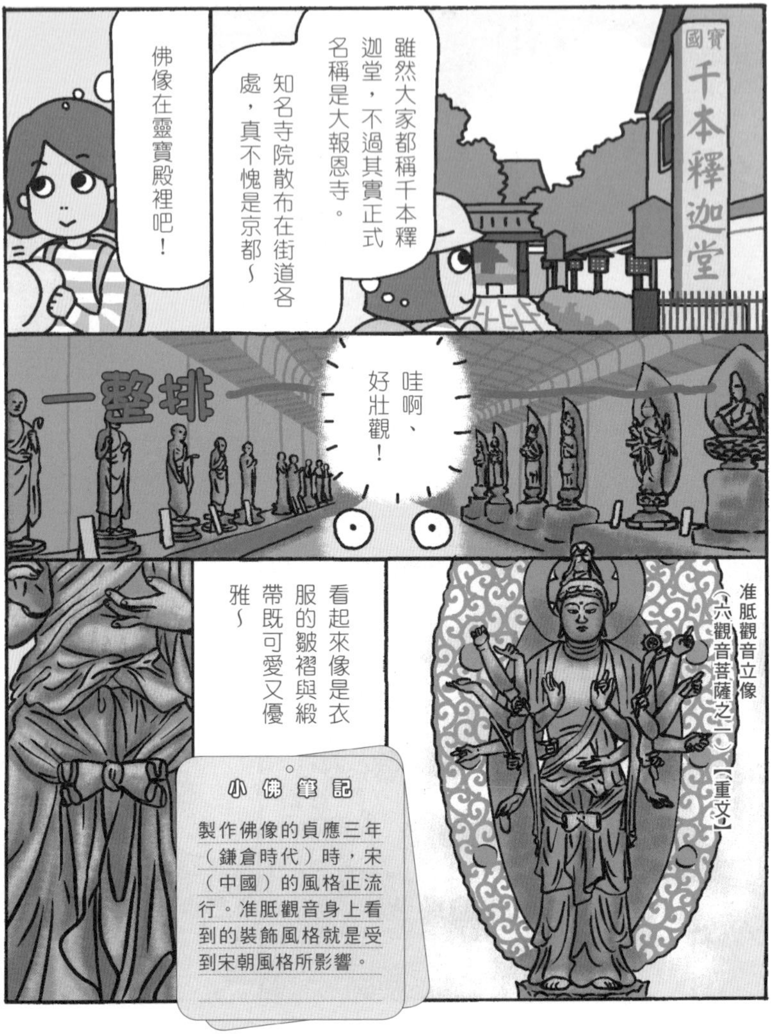
國寶
千本釋迦堂
雖然大家都稱千本釋迦堂，不過其實正式名稱是大報恩寺。
知名寺院散布在街道各處，真不愧是京都～
佛像在靈寶殿裡吧！
哇啊、好壯觀！
一整排
准胝觀音立像（六觀音菩薩之一）【重文】
看起來像是衣服的皺褶與緞帶既可愛又優雅～
小佛筆記
製作佛像的貞應三年（鎌倉時代）時，宋（中國）的風格正流行。准胝觀音身上看到的裝飾風格就是受到宋朝風格所影響。

慶派グループの名作ぞろい

○千本釋迦堂（大報恩寺）DATA

所在地：京都市上京區今出川七本松上

交通：從JR京都車站搭市公車，約二十五分鐘在「上七軒」下車，走路三分鐘。

開放時間：9點～17點。

佛像列表：**十大弟子立像**（木造（像高94．4～98公分）．鎌倉時代．重文）、**六觀音菩薩像**（木造（像高96．1～180．6公分）．鎌倉時代．重文）、**誕生釋迦佛立像**（銅造（像高53．3公分）．鎌倉時代．重文）、**千手觀音立像**（木造（像高176．2公分）．平安時代．重文）等。

○千本釋迦堂的歷史背景

通往曾是蓮台野葬場的道路上有多達千尊的卒塔婆，稱為千本通。因「位於千本通附近的釋迦堂」，

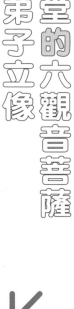

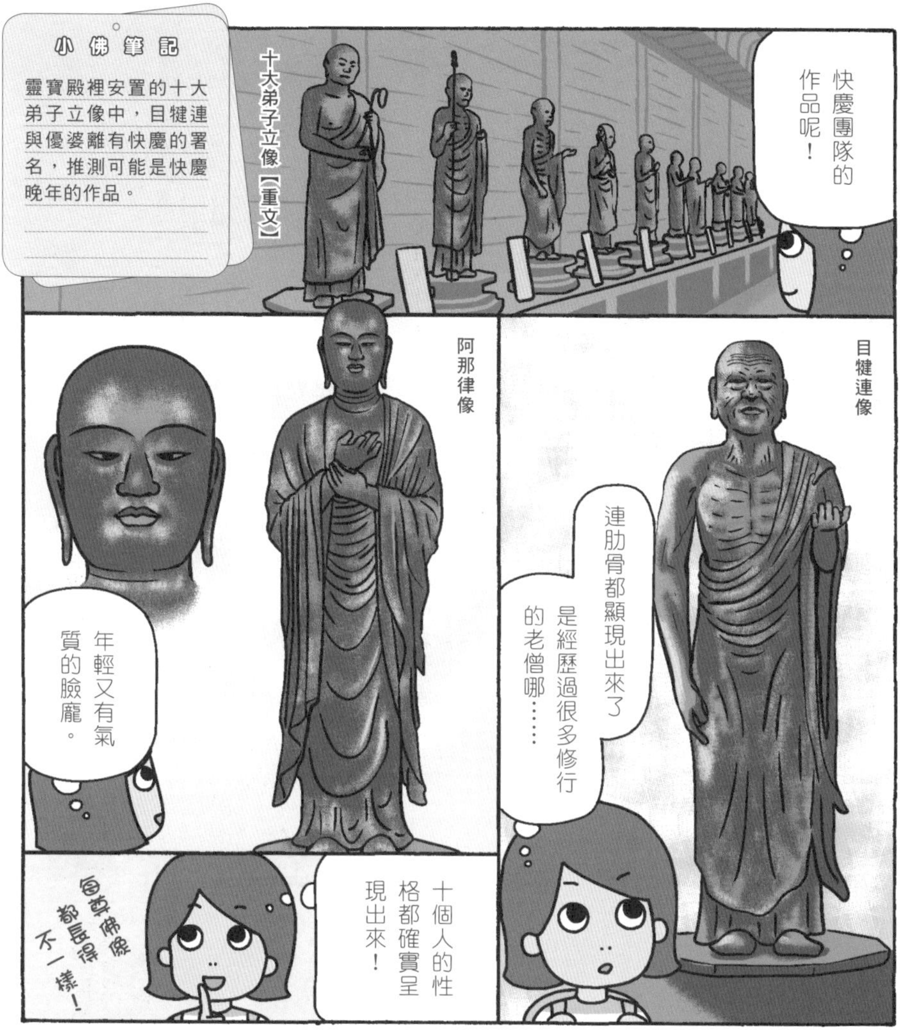
快慶團隊的作品呢！
十大弟子立像【重文】
小佛筆記
靈寶殿裡安置的十大弟子立像中，目犍連與優婆離有快慶的署名，推測可能是快慶晚年的作品。
目犍連像
連肋骨都顯現出來了
是經歷過很多修行的老僧哪……
阿那律像
年輕又有氣質的臉龐。
十個人的性格都確實呈現出來！
每尊佛像都長得不一樣！

所以就被稱為千本釋迦堂。

鎌倉初期，承久三年（1221）由藤原秀衡之孫義空上人開創。創建當時的本堂（國寶）奇蹟似地逃過應仁．文明之亂以及享保大火等災難，成為洛中（京都市內）最古老的建築物。也以傳聞「良妻獻策」中的阿龜（建造本堂的木匠之妻，因為先生工作失誤而提出改善的建議，為了確保此事不洩漏出去而自殺）之寺而聞名。

○可看到慶派的作品

運慶與快慶是代表鎌倉時代的佛師。千本釋迦堂裡安放了許多與他們有關的慶派名作。本堂供奉的本尊釋迦如來坐像（秘佛）就是快慶的弟子．行快的作品。十大弟子則是快慶與門徒的作品。另外，六尊佛像的姿態完全一致的珍貴六觀音像中，准胝觀音據說是運慶的弟子．肥後別當定慶之作。一定要來參訪現存作品不多的准胝觀音之美。

佛佛像參拜MAP

京都市中心&東山

❶千本釋迦堂
（大報恩寺）
准胝觀音立像【重文】

❷清和院
地藏菩薩立像【重文】
與清和天皇有關的寺院。色彩極美的地藏菩薩。

❸廬山寺
如意輪觀音半跏像【重文】
※寄存在京都國立博物館中
位於紫式部邸宅遺跡的寺院。如意輪觀音是鎌倉時代製作的作品，但風格屬飛鳥時代。

❹壬生寺
地藏菩薩立像【重文】
由於本尊遭到燒毀，現在安置的地藏菩薩是昭和四十二年由奈良唐招提寺移放過來的。

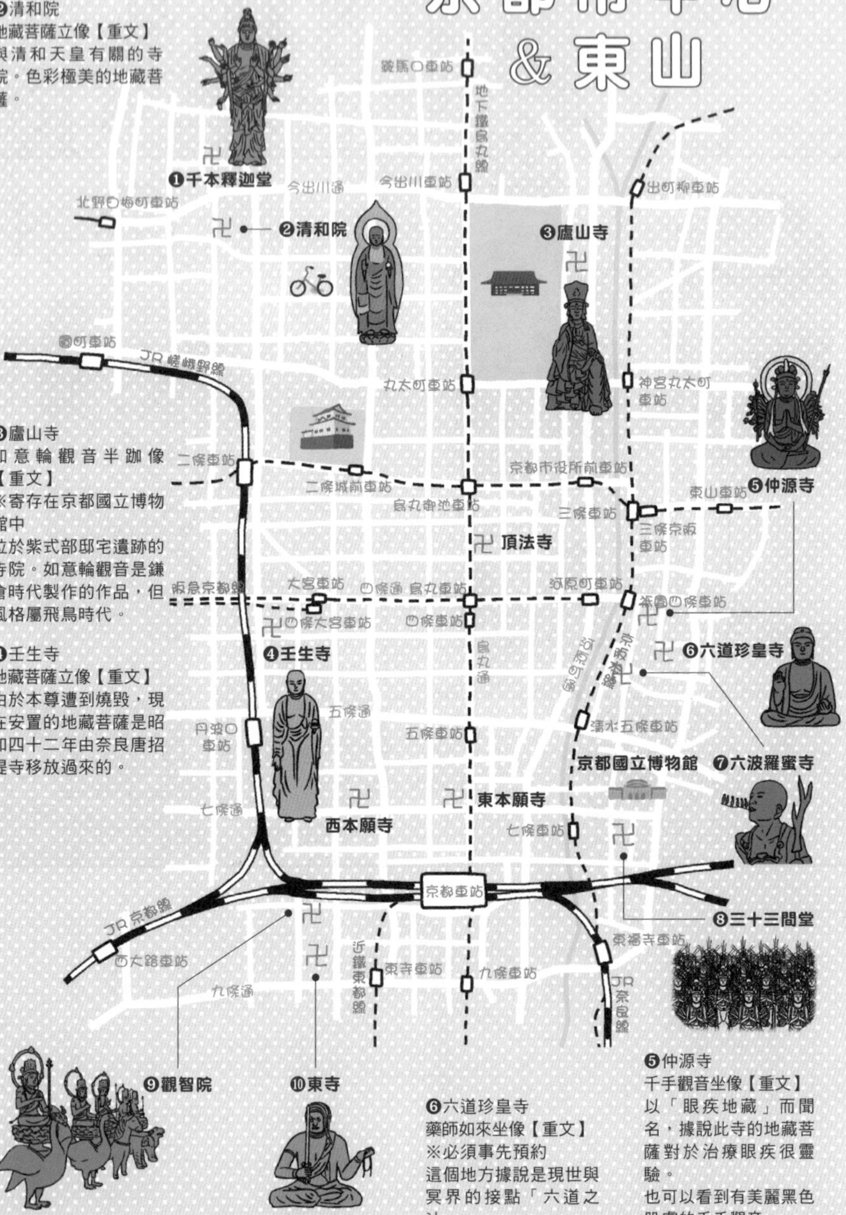

鞍馬口車站
地下鐵烏丸線
今出川車站
今出川通
北野白梅町車站
❶千本釋迦堂
❷清和院
❸廬山寺
出町柳車站
圓町車站
JR嵯峨野線
丸太町車站
神宮丸太町車站
二條車站
二條城前車站
烏丸御池車站
京都市役所前車站
東山車站
❺仲源寺
三條車站
三條京阪車站
頂法寺
阪急京都線
大宮車站
四條通
烏丸車站
河原町車站
祇園四條車站
四條大宮車站
四條車站
❹壬生寺
烏丸通
河原町通
京阪本線
❻六道珍皇寺
五條通
丹波口車站
五條車站
清水五條車站
京都國立博物館
❼六波羅蜜寺
七條通
西本願寺
東本願寺
七條車站
京都車站
❽三十三間堂
JR京都線
西大路車站
九條通
近鐵京都線
東寺車站
九條車站
東福寺車站
JR奈良線
❾觀智院
❿東寺

❻六道珍皇寺
藥師如來坐像【重文】
※必須事先預約
這個地方據說是現世與冥界的接點「六道之辻」。

❺仲源寺
千手觀音坐像【重文】
以「眼疾地藏」而聞名，據說此寺的地藏菩薩對於治療眼疾很靈驗。
也可以看到有美麗黑色肌膚的千手觀音。

⓬知恩院
法然上人在此度過約三十年寒暑的地方，也是淨土宗的總本山。法然上人臨終之際的護法佛，阿彌陀如來立像【重文】是秘佛，所以沒有開放參觀。

⓫永觀堂（禪林寺）
阿彌陀如來立像【重文】
以「回首阿彌陀」的別稱而聞名，是美麗的阿彌陀如來。

❼六波羅蜜寺
空也上人立像【重文】
從念佛的口中出現六尊阿彌陀的空也上人立像很有名。另外，寺中還有左手拿著頭髮，有「鬘掛地藏」之稱的地藏菩薩立像【重文】等十多尊重要文化財。

❽三十三間堂
（蓮華王院）
千尊千手觀音立像【重文】
一千零一尊千手觀音的震撼力非常有名。以運慶的長男．湛慶之作而聞名的千手觀音坐像【國寶】、風神．雷神像【國寶】、二十八部眾立像【國寶】等知名作品齊聚一堂，非常值得一看。

❾觀智院
五大虛空藏菩薩像【重文】

❿東寺（教王護國寺）
不動明王坐像【國寶】

金戒光明寺
神宮丸太町車站
⓫永觀堂
西方寺
南禪寺
三條京阪車站
東山車站
三條車站
蹴上車站
⓬知恩院
祇園四條車站
地下鐵東西線
京阪本線
⓭長樂寺
清水五條車站
⓮清水寺
御陵車站
七條車站
JR東海道本線
JR東海道新幹線
東福寺車站
⓱東福寺同聚院
⓰泉涌寺
⓯泉涌寺即成院

⓭長樂寺
一遍上人立像
※時宗祖師像之一【重文】
時宗的七位祖師像被安放於收藏文化財的倉庫裡。

⓮清水寺
千手觀音坐像【重文】
※三十三年一次特別公開
左右雙手高舉過頭合掌的獨特姿勢。三十三年一次特別公開，最近的一次是西元2000年。2008～2009年也曾經特別公開過一次。收藏秘佛的櫃子前面有放置替代秘佛供信眾參拜的”前立本尊”。

⓯泉涌寺即成院
阿彌陀如來坐像．二十五菩薩坐像【重文】
據傳是在源平合戰中大展身手的武將那須與一所信仰的佛。

⓰泉涌寺
楊貴妃觀音像【重文】
一百年公開一次的秘佛，所以寶冠還留著耀眼顏色的美麗佛像。

⓱東福寺同聚院
不動明王坐像【重文】
據說是大佛師．定朝之父．康尚的作品。

參拜佛像⑮

廣隆寺的彌勒菩薩半跏像

廣隆寺
廣隆寺的佛像都放在寶物館裡呢！
十二神將立像【國寶】
是定朝的弟子長勢的精心作品。
其他還有好幾尊知名的佛像。
果真—
彌勒菩薩半跏像（寶冠彌勒）【國寶】

國寶雕刻第一號，最有名的佛像之一

○廣隆寺DATA

所在地：京都市右京區太秦蜂岡町32

交通：京福嵐山線的「太秦廣隆寺車站」下車即可抵達。

開放時間：9點～17點（12月～2月到16點30分）。

佛像列表：**彌勒菩薩半跏像（寶冠彌勒）**（木造（像高123．3公分）．飛鳥時代．國寶）、**彌勒菩薩半跏像（寶冠彌勒或哭泣彌勒）**（木造（像高90公分）．飛鳥時代．國寶）、**十二神將立像**（木造（像高113～123公分）．平安時代．國寶）、**不空羂索觀音立像**（木造（像高313．6公分）．平安時代．國寶）、**千手觀音立像**（木造（像高266公分）．平安時代．國寶）等。

○廣隆寺的歷史背景

京都最古老的寺院。根據《日本書記》的記載，獲聖德太子賜予佛像的

小佛筆記
與聖林寺單元介紹的一樣，從坐台的位置往上看就能夠看到佛像之美。廣隆寺在寶冠彌勒前的位置鋪設榻榻米坐台供信眾參拜。
寶冠彌勒……
……
啜泣
彌勒菩薩正思考著救濟世人的方法呢！
呈現如此姿態的是菩薩的優雅神情。
漂亮的手指
形狀都好美喔，真厲害……
彌勒菩薩半跏像（寶髻彌勒）【國寶】
旁邊小一號的彌勒菩薩就是哭泣彌勒。
憂傷的神情也是正在思考如何救濟世人。
是彌勒菩薩的緣故吧！
吸…
心情變得平靜。

太秦富豪・秦河勝為了安置此佛像而建立蜂岡寺。據說這也是廣隆寺的起源。弘仁九年（818），堂塔等建築物消失，後來獲得藤原氏的援助，由道昌僧都負責重建，從此定名為廣隆寺。

○「微笑」與「哭泣」等兩尊彌勒

廣隆寺中以微笑而聞名，別名「寶冠彌勒」是國寶雕刻的第一號。一般提到「廣隆寺的彌勒」，指的就是寶冠彌勒。另外還有一尊以結髮髻為特徵的「寶髻彌勒」，由於帶著憂鬱的神情，也稱為「哭泣彌勒」。

○來源也是個謎的寶冠彌勒

寶冠彌勒是以赤松製成的一木造。因為日本幾乎沒有以松木製作佛像的記錄，所以有人推測可能是在朝鮮半島製作完成後，再運到日本。另一方面，由於背板等部分使用樟木，所以也有說法認為材料是使用朝鮮半島的赤松，佛像製作則是在日本進行。

參拜佛像⑯

清涼寺的釋迦如來立像

——從廣隆寺搭嵐電前往嵐山車站。
聽說嵐電的嵐山車站月台有足湯，真期待。
哇～
疲勞一掃而空，好溫暖～
接下來就是去供奉「三國傳來的肉身釋迦」的清涼寺！
清涼寺
建造清涼寺之前，這裡有《源氏物語》主角光源氏的原型，源融所建的別墅呢！
這是古時候佛陀說法時發生的事情。弟子優填王（印度的國王）因為無法見到佛陀而感到悲傷，於是就令人建造一尊與佛陀一模一樣的像。
後來，這尊佛像就傳到宋朝（現在的中國）。
中國
印度

清涼寺式釋迦如來的始祖

○清涼寺DATA

所在地：京都府京都市右京區嵯峨釋迦堂藤之木町46

交通：京福嵐山線嵐山車站．JR嵯峨嵐山車站下車，走路十五分鐘。

開放時間：9點～16點 ※靈寶館在春、秋季特別公開。

本堂佛像列表：**釋迦如來立像**（木造（像高162．6公分）．北宋時代．國寶）等。

靈寶館佛像列表：**阿彌陀三尊坐像**（木造．平安時代．國寶）、**本尊釋迦如來體內納入品**（國寶）等。

○清涼寺的歷史背景

寬和三年（987），從中國返回日本的奝然在實現建立清涼寺的計畫前過世，其弟子盛算繼承遺志，把棲霞寺內的釋迦堂命名為清涼寺，並安置奝然從宋帶回來的釋迦像，這就是清涼寺的起源。

到了平安時代，前往宋的東大寺僧侶・奝然看到這尊佛像大為感動。
於是請宋的佛師製作一模一樣的佛像帶回日本。
日本
中國
漩渦狀如繩般的頭髮。像是畫圓般的細緻紋路是印度風的花樣。
奝然過世後，弟子盛夏將此佛像安置於京都嵯峨的釋迦堂。
這就是清涼寺的釋迦如來立像。
中國佛師製作的佛像帶有異國風味。
小佛筆記
從印度到中國，再到日本，經過三個國家，所以稱為三國傳來。體內放置五臟六腑，故稱為「三國傳來的肉身釋迦」。
都是絹製品
像扮家家酒的玩具一樣，好可愛。
釋迦如來立像【國寶】

○獨特的樣式

與一般的如來不同，漩渦狀如繩般的頭髮是其標誌。特徵是粗大的白毫，流線型的衣服皺摺布滿全身。佛像材料是中國產的櫻樹。眼睛使用黑水晶，耳朵也使用水晶。更進一步以X光調查，發現額頭內嵌了一尊銀佛。

○鎌倉時代引領風潮的清涼寺式釋迦如來

鎌倉時代掀起風潮，許多佛像都模仿清涼寺的釋迦如來像。就算到了今日，被稱為清涼寺式的釋迦如來像也有將近百尊。

○由於是肉身釋迦，所以佛像內也有內臟

根據昭和二十八年的調查發現，佛像內有絹製內臟模型（仿造五臟六腑）等三十件納入品。

參拜佛像⑰

淨琉璃寺的阿彌陀如來坐像（九尊）、吉祥天立像

叩隆叩隆
雖然地址是京都府的木津川市，不過如果要去淨琉璃寺的話，從奈良過去比較方便呢！
淨琉璃寺所在地的當尾地區有很多石佛。
回程再去參觀看看
叩隆叩隆……
淨琉璃寺呈現了東方淨土的藥師如來、西方淨土的阿彌陀如來所處的位置—
淨琉璃寺地圖
N
東方淨土
三重塔【國寶】
裡有藥師如來
西方淨土
本堂（阿彌陀堂）【國寶】
裡有九尊阿彌陀如來
日出
日落
春分與秋分時，太陽會從三重塔升起，從阿彌陀堂正上方落下。
想看！
不過，今天有特別開放參觀吉祥天！
阿彌陀佛像橫向排列，一眼望去可看到全景。

小佛筆記

定朝式的穩重姿態是九尊阿彌陀像的特徵。九尊的印相當然各有不同，風格各異也是值得一看的地方。

↙現今仍存在的平安時代九尊阿彌陀像

○**淨琉璃寺DATA**

所在地：京都府木津川市加茂町西小札場40

交通：從JR・近鐵奈良車站搭公車，往淨琉璃寺方向約二十五分鐘，在「淨琉璃寺前」下車即到。

開放時間：9點～17點（12月～2月10點～16點）※吉祥天立像在正月、春、秋季特別公開。三重塔每月八日、元旦三天、春分、秋分等日開龕。

本堂佛像列表：**阿彌陀如來坐像九尊**〔木造（像高 中尊224・5公分、脇侍138・8～145・4公分）・平安時代・國寶〕、**廚子入吉祥天立像**〔木造（像高90公分）・鎌倉時代・重文〕、**不動明王及二童子立像**〔木造（像高 中尊99・5公分）・鎌倉時代・重文〕等。

三重塔佛像列表：**藥師如來坐像**〔木造（像高85・7公分）・平安時

中尊大一號的巨大阿彌陀如來的印相是來迎印！
這是世人過世後，如來從極樂淨土前來接引的印相呢！
還有，旁邊的是……
吉祥天！好艷麗啊～
小佛筆記
花樣採用繧繝這種濃淡斷層式的技法。長年以來一直是秘佛而被收納在櫃子裡，所以保存狀態良好，也能夠看到鮮豔的色彩。
一邊看石佛，一邊往岩船寺去吧
裡面供奉著平安時代製作的阿彌陀如來坐像【重文】。
收納在櫃子裡的千金小姐。
真是個悠閒的地方呢～
當尾這個地方到處都有良心商店

代・重文）。

○淨琉璃寺的歷史背景

由於本堂供奉九尊阿彌陀如來像，所以也稱為九體寺。據說創建當時的本尊是藥師如來，所以取一個與藥師如來所住之處「淨琉璃淨土」有關的寺名。寺內有呈現極樂世界的淨土式庭園，從池塘另一側看本堂的話，能夠看到阿彌陀如來像映在水中。

○平安時代流行的九尊阿彌陀像

從「九品往生」觀念產生的九尊阿彌陀像據說在平安時代的京都中心就有三十尊以上，但是現在還保持當時狀態的只剩下淨琉璃寺的九尊而已。

○吉祥天身上美麗的木製飾品

鎌倉時代的佛像裝飾品多是金屬製，木製飾品是受平安後期國風文化的影響才出現的。另一方面，吉祥天佛像的衣袖與裙襬像雲朵般捲起的造型是當時受到宋朝（中國）特別設計的影響。

佛像參拜MAP

京都市內＆縣內其他佛像

❶高山寺
明惠上人坐像【重文】
鎌倉時代的作品。活躍於鎌倉時代前期的明惠上人是華嚴宗的中興之祖。

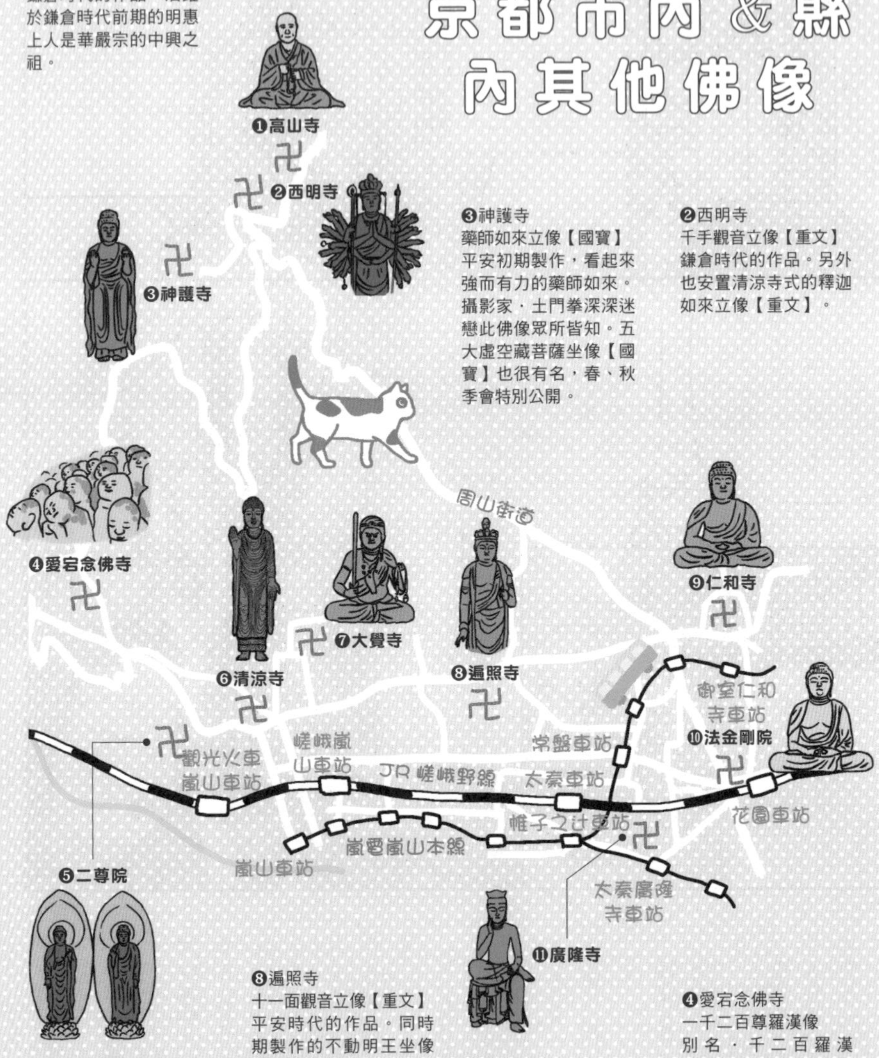
❶高山寺
❷西明寺
❸神護寺
❹愛宕念佛寺
❺二尊院
❻清涼寺
❼大覺寺
❽遍照寺
❾仁和寺
❿法金剛院
⓫廣隆寺
周山街道
御室仁和寺車站
常盤車站
嵯峨嵐山車站
JR嵯峨野線
太秦車站
觀光火車嵐山車站
花園車站
帷子之辻車站
嵐電嵐山本線
嵐山車站
太秦廣隆寺車站

❸神護寺
藥師如來立像【國寶】
平安初期製作，看起來強而有力的藥師如來。攝影家．土門拳深深迷戀此佛像眾所皆知。五大虛空藏菩薩坐像【國寶】也很有名，春、秋季會特別公開。

❷西明寺
千手觀音立像【重文】
鎌倉時代的作品。另外也安置清涼寺式的釋迦如來立像【重文】。

❿法金剛院
阿彌陀如來坐像【重文】
平安後期經常製作的定朝風格佛像中，具代表性的佛像之一。

⓫廣隆寺
彌勒菩薩半跏像【國寶】

❽遍照寺
十一面觀音立像【重文】
平安時代的作品。同時期製作的不動明王坐像【重文】被稱為「紅不動王」

❾仁和寺
阿彌陀如來坐像【國寶】
平安前期的作品，據說是手結定印的阿彌陀如來像中，最古老的作品。

❻清涼寺
釋迦如來立像【國寶】

❼大覺寺
不動明王坐像
※五大明王像之一【重文】
※固定期間特別公開
平安時代後期，明圓作品。

❹愛宕念佛寺
一千二百尊羅漢像
別名．千二百羅漢寺。1200尊石造的羅漢散布在院內各處。

❺二尊院
釋迦如來立像．阿彌陀如來立像【重文】
兩尊佛像對立供奉，是非常罕見的方式。鎌倉時代的作品。

鞍馬車站
⑫鞍馬寺
叡山電鐵鞍馬線
⑬寂光院
⑭三千院
⑮來迎院
八瀨比叡山口車站
寶之池車站
↓出町柳
地下鐵東西線
小野車站
⑯隨心院
醍醐車站
⑰醍醐寺
石田車站
JR奈良縣
六地藏車站
京阪宇治線
木幡車站
⑱法界寺
黃檗車站
⑲萬福寺
三室戶車站
宇治車站
三室戶寺
⑳平等院
宇治車站
↑京都
㉒壽寶寺
三山木車站
玉水車站
㉑觀音寺
下狛車站
狛田車站
㉓蟹滿寺
片町線
棚倉車站
㉔海住山寺
祝園車站
新祝園車站
㉕神童寺
上狛車站
山田川車站
西木津車站
加茂車站
近鐵京都線
大智寺
木津車站
關西本線
奈良線
㉖淨琉璃寺
㉗岩船寺
平城山車站
奈良↓

⑭三千院
阿彌陀三尊像【國寶】

⑮來迎院
藥師如來坐像【重文】

⑯隨心院
金剛薩埵像【重文】

⑰醍醐寺
藥師如來坐像【國寶】
※靈寶館只在固定期間公開

⑫鞍馬寺
毘沙門天立像【國寶】

⑬寂光院
地藏菩薩立像【國寶】
※固定期間特別公開

㉒壽寶寺
十一面千手千眼觀音立像【重文】
※必須事先預約

㉑觀音寺
十一面觀音立像【國寶】

㉓蟹滿寺
釋迦如來坐像【國寶】

㉔海住山寺
十一面觀音立像【重文】

㉕神童寺
不動明王立像【重文】
※必須事先預約

㉖淨琉璃寺
阿彌陀如來坐像九尊【國寶】

㉗岩船寺
阿彌陀如來坐像【重文】

⑱法界寺
阿彌陀如來坐像【國寶】

⑲萬福寺
羅睺羅尊者坐像
※十八羅漢之一

⑳平等院
阿彌陀如來坐像【國寶】

佛像素材與製作方法

自飛鳥時代佛像傳入日本以來，運用各種不同的素材和技法來製作佛像。

《漆》

乾漆造

以漆定型的製作佛像方法稱為「乾漆技法」。乾漆造分為「脫活乾漆造」與「木心乾漆造」兩類。流行於奈良後期的天平時代。

脫活乾漆造

❶

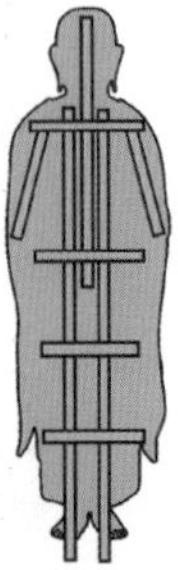

在木芯上塗上黏土製作原型。

↓

❷

在原型外重複裹上好幾層含漆的麻布。

《土》

黏土塑造

以黏土為素材的製像技法。飛鳥．奈良時代經常採用的技法。

❶

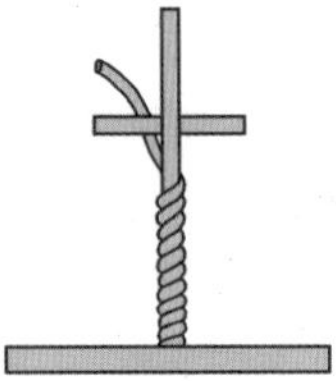

以繩子捲木芯建立佛像的骨架。

↓

❷

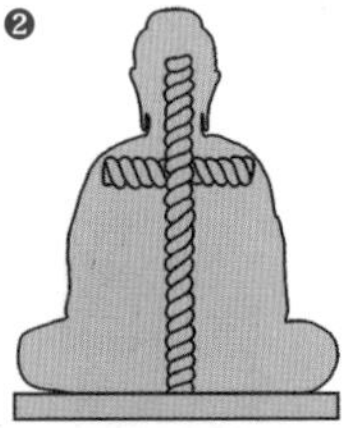

在骨架上塗上2～3層黏土並塑型。

↓

❸

上色後即完成。

《銅》

金銅造

佛像傳入日本的飛鳥時代之主流技法。

❶

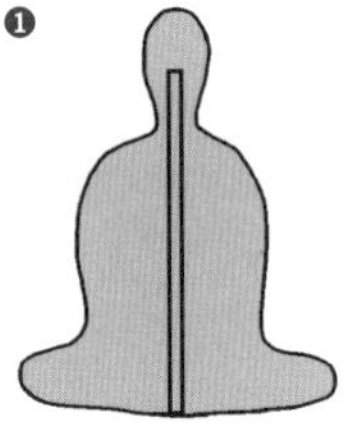

在鐵芯周圍塗上黏土，塑造大致形狀。

↓

❷

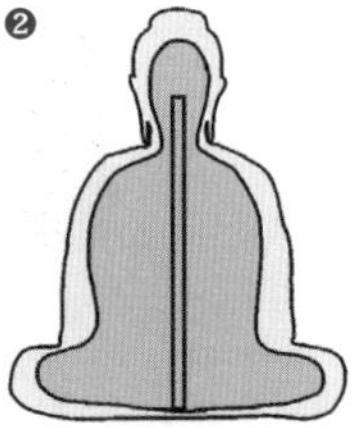

在黏土形體外塗蠟，塑造佛像的原型。

↓

❸

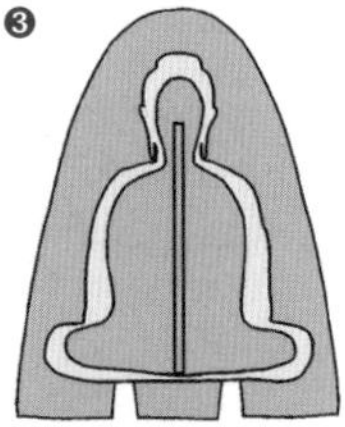

再以黏土覆蓋原型。

↓

❹

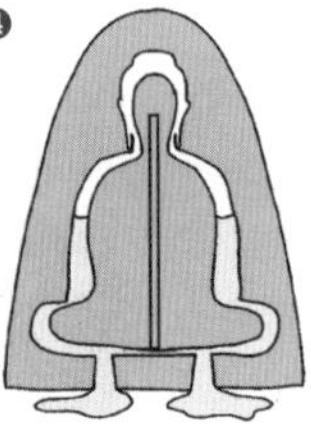

在窯中加熱，把蠟融出。

↓

❺

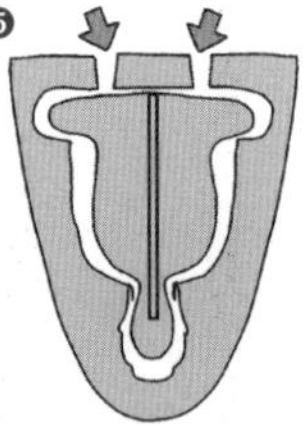

蠟融出後所留下的空間灌銅進去。

↓

❻

剝除外側的黏土，再以鍍金等方式加工即完成。

《木》

木造

常見的木造技法有以一根木頭雕刻而成的「一木造」，或是組合二根以上的木材而成的「寄木造」。寄木造是日本特有的製作方式，確立於平安後期。如果使用這項技法就可以分工作業，這樣就能夠在短時間之內製作大型佛像。後來這個技法就成為製作佛像的主流。

寄木造

❶

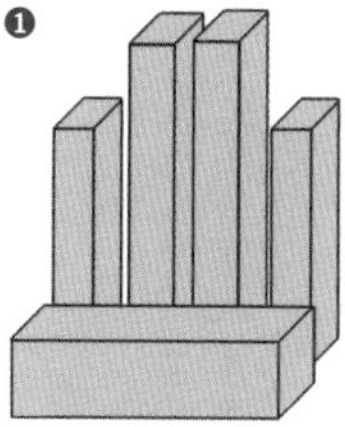

把多根木材組合成想製造的佛像外型。

↓

❷

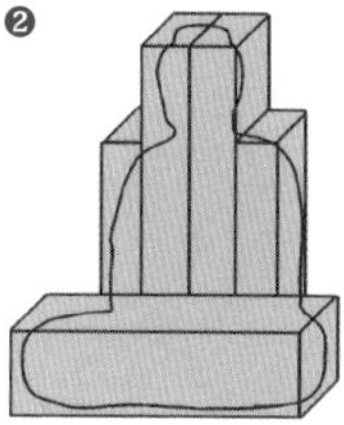

雕刻外型。

↓

❸

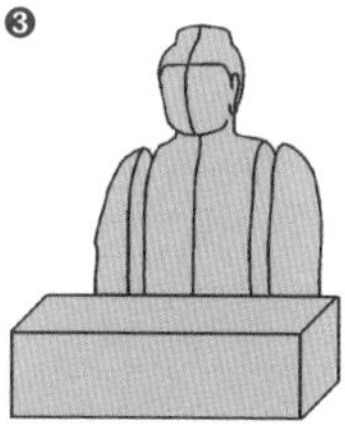

暫時解體，進行內挖。

↓

❹

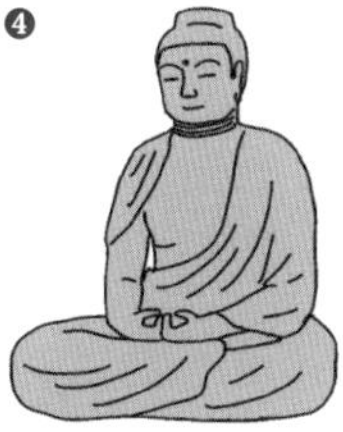

再度組合並修飾表面，上色或塗上漆箔等即完成。

一木造

❶ 先雕出大致形狀。

↓

❷ 雕刻細部並修飾。

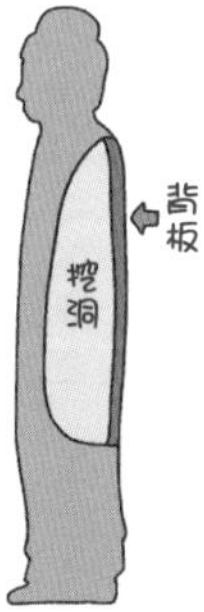
背板
挖洞

※為了預防乾燥龜裂，所以從佛像背面等處，由內部挖洞，稱為「內挖」。

木心乾漆造

依著時代或材料的改變，佛像散發的氛圍也大不相同呢！

❶

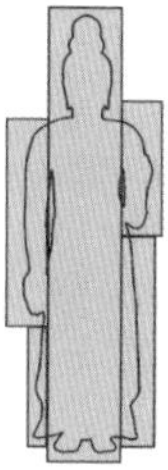

削木做出大致的形狀（木心）。

↓

❷

木心內部挖空（※有時候也會不挖空）。

↓

❸

塗上糊狀的漆（乾漆）並塑形，上色後即完成。

↓

❸

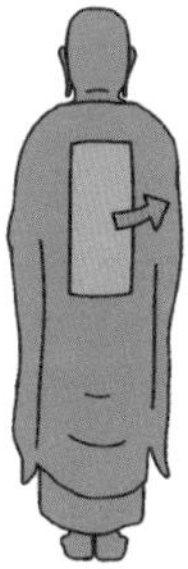

當漆乾燥後，在佛像背後開洞，並取出內部的黏土。

↓

❹

封洞，以糊狀的漆修飾表面並上色即完成。

知識叢書 1056

歡迎光臨！佛像世界

誠文堂新光舍
主編―三宅久雄
編輯―透過漫畫瞭解佛像編輯部
漫畫原作・文―嶋崎千秋
插畫―永田Yuki

時報出版
譯者―陳美瑛
主編―李筱婷
美術設計―張巖
總編輯―趙政岷
董事長 總經理―趙政岷
出版者―時報文化出版企業股份有限公司
10803台北市和平西路三段二四〇號三樓
發行專線―（〇二）二三〇六六八四二
讀者服務專線―〇八〇〇二三一七〇五 （〇二）二三〇四七一〇三
讀者服務傳真―（〇二）二三〇四六八五八
郵撥―一九三四四七二四時報文化出版公司
信箱―臺北郵政七九～九九信箱
時報悅讀網―http://www.readingtimes.com.tw
電子郵箱―books@readingtimes.com.tw
法律顧問―理律法律事務所 陳長文律師、李念祖律師
印刷―和楹印刷股份有限公司
初版一刷―二〇一七年八月四日
定價―新台幣三五〇元

時報文化出版公司成立於一九七五年，並於一九九九年股票上櫃公開發行，於二〇〇八年脫離中時集團非屬旺中，以「尊重智慧與創意的文化事業」為信念。

行政院新聞局局版北市業字第八〇號

國家圖書館出版品預行編目資料

歡迎光臨！佛像世界 / 三宅久雄主編；透過漫畫瞭解佛像編輯部編輯. -- 初版. -- 臺北市：時報文化, 2017.07
面；　公分. -- (知識叢書；1056)
譯自：マンガでわかる仏像：仏像の世界がますます好きになる

ISBN 978-957-13-7079-8(平裝)

1.佛像　2.漫畫　3.日本

224.6　　106011857

MANGA DE WAKARU BUTSUZO supervise by Hisao Miyake

ISBN 978-957-13-7079-8
Printed in Taiwan